知っている人だけが儲かる

コインランドリー投資のすすめ

三原 淳

GENTOSHA

はじめに

今は昔の年功序列、商店経営

この十数年の間に、雇用状況は一変しました。1989年には正規雇用者の割合が80%を大きく上回っていたのに、今や60%に届かないまでに減少しました。契約社員や派遣社員など、明日をも知れぬ生活を強いられている人が増えたのと同様に、残された正規雇用者（正社員）にさえも時代の波が押し寄せています。

一方で、商店経営も変貌しました。駅前の商店街や昔ながらの市場は、今やシャッター通りと化し、長年親しんだ肉屋さんも、魚屋さんも、八百屋さんも、洋服店や靴屋さんも姿を消しました。代わってできたのは、大型スーパーマーケットやコンビニエンスストア、ホームセンターなどの郊外型の大型専門店です。

今や従来型の個人商店では、取引先の卸問屋での仕入れ値が、近所のスーパーマーケットの小売値より高かったなどという笑えない事態になっています。

厳しい競争をくぐり抜けて正社員になり、幾分かの年齢に応じた昇給は残されていても、若年齢層との賃金格差は縮小し、結婚、子育て、マイホーム購入などに伴う、歳相応の生活費の増加には、到底追いつかない給与水準に留まっているのが現状です。

個人商店主もまた、先細っていく売上げに不安を募らせ、子供たちは当然のように後を継ぐ意思をなくしています。ここでもまた、高校生となった娘のコンビニエンスストアでのアルバイト料の方が、自分の店の利益よりも多かったなどという、落語もどきのオチが付いています。

すでに、一億総中流と呼ばれた時代から大きく変貌し、一億総貧困化時代へと突入したかのような状況になっているのです。

5年後、10年後を見据えた人生設計

とはいえ、みなさんもお気づきでしょうが、このような時代なのに、デパートでは高級品が売れ、相変わらず海外のリゾート地には、急増した中国人観光客に交じって、

優雅にバカンスを楽しむ日本人が絶えません。

富の偏在、貧富の差が大きくなっているという指摘もありますが、よくよく見ると、必ずしも親の財産に頼ったり、高学歴に伴うエリートゆえの高収入というだけではないようです。時代の変化を読み取り、インターネットなど自分の得意分野やアイデア一つで、高収入を得ている若者も多いのです。

のちほど詳しく紹介しますが、フランチャイズ方式の浸透によって、起業も容易になりました。フランチャイズ本部が受け皿となったアウトソーシング（外注システム）を有効に使い、手間ヒマのかからない方式を採用して、いくつもの事業に乗り出す人もいます。それも、メインの事業や従来の会社勤務はそのままに、副業として成功している人たちが多いのです。

このようないくつもの財布（収入源）を得る方法は、思いついたからといって、すぐにできるものではありません。今現在、そしてこれからの近未来、どのようなビジネスが考えられるのか？　常に考える習慣をつけることが出発点です。その上で、5

年後、10年後を見据えたチャレンジが、大きな可能性を生み出します。

もはや老後の備えなんてものじゃない

以前ならば、「定年後の備えとして副業を考えませんか?」というのが、私たちフランチャイズの本部を運営する側のセールストークでした。

今でももちろん、老後の備えという意味合いも強いのですが、それだけを考えていたのでは判断を誤ります。

大企業の正社員でも、給与収入は頭打ちなのです。個人商店経営者も先行きが見通せず、じり貧状態です。定年後、年金生活者となったときに、年金収入の不足分をどのように補うかという程度の話ではありません。

手をこまねいていれば、徐々に奈落の底へと落ちていく。いいすぎと思われるかもしれませんが、現状に甘んじていれば、一億総貧困化社会の洗礼を受けることになります。

今は、2つの道の分岐点です。以前ヒットした本のタイトルのように、金持ち父さんになるか、貧乏父さんになるかの二者択一しかないのです。

就職・就業による固定収入の確保も大切ですが、それだけでは追いつかない時代です。定年後の心配以前に、近い将来の支出増や不測の事態への備えが必要不可欠になりつつあります。

さらに、生活ができればいい、住宅ローンを払い続けられればいい、子供を大学まで通わせられればいいというだけではないと思います。

人生は、謳歌してこそです。より多くのやり甲斐と人生目標を掲げ、邁進してこそ豊かな人生といえるでしょう。

「人生五十年」から「人生百年」の時代へ

戦後長らく55歳定年制が続いていました。それが60歳定年となり、今では65歳定年も珍しくありません。「そうかー、定年が10歳も延びたんだー」と思われるかもしれませんが、平均寿命の統計を取り始めた1947年には、男性の平均寿命は50・06

歳、女性の平均寿命は53・96歳でした。

以前の定年である55歳は、平均寿命より年齢が高かったのです。2015年の発表では、男性の平均寿命は80・50歳、女性の平均寿命は86・83歳となっています。

ですから昔の定年制度に当てはめれば、今では定年が90歳になったとしても不思議ではありません。もちろん、「そんなに長く働くなんて冗談じゃない」と思われることでしょう。私も同感です。


平均寿命の男性80・50歳、女性86・83歳という数字からいえることは、たとえ固定収入が得られるサラリーマンであったとしても、ただ漫然と過ごしていれば定年後に、年金以外に収入のない長〜い日々が延々と続くということです。

さらにその年金でさえも、今や風前の灯火です。これからさらに受給年齢の引き上げが続くでしょう。やがては、年金の受給開始年齢は90歳からということになりかねません。

「そんなことありっこないよ」とおっしゃるでしょうが、定年が55歳だった時代の平均余命から類推して、これまた笑えない冗談になりつつあります。

今や、勤務した年数、年金を納めた年数と同じぐらいの受給期間になりつつあるのです。現役社会人だった時代に、それほどの年金積み立てをしていたでしょうか？

中東地域並みの石油でも噴き出さない限り、あるいは消費税を50％にしない限り、今の水準の年金が払い続けられるわけがありません。これもまた、副業などの自助努力が必要となるゆえんです。

豊かな生活には、複数の収入源が必要な時代

今の正業による収入、会社勤めならば会社からの給与所得だけで生活が安定し、定年後も含めた将来への道が開けるのなら大変結構です。ただしその場合でも、収入源はただ一つという危うさが残ります。

すでに、不確実性の時代へと突入しています。一夜にして大企業が消滅したり、思い切ったリストラを敢行しなければ生き残れない大企業も続出しています。

サラリーマンならば、就業先が消滅したら、再就職先を探すというのが従来のパターンでしたが、今や社会環境は一変しています。ここ2~3年、求人倍率こそ改善しているものの、その求人の大半が非正規雇用です。今までのキャリアが生かせる再就職口など、望むべくもありません。

焦って再就職先を探し、意に沿わぬ転職をして、それを幾度も繰り返す。時間だけが無意味に過ぎ去り、年齢だけを重ね、ますます再就職が困難になる。たぶん、みなさんも身近なところで、そのような例をいくつも見ているのではないでしょうか?

株の世界の格言に、「卵は一つの籠に盛るな」というのがあります。財産を一つにすると、いざというときに耐えられないということです。

リスクの分散は、財産だけでなく収入源にもいえます。たとえわずかの副収入でも、あるのとないのとでは大違い、備えあれば憂いなしです。

サラリーマンにとっての最大のリスクマネジメントは、副収入が得られる仕組みを作ることです。これは自分で事業をやっていたり、個人商店を経営している方たちにも共通した課題です。

さてそれではみなさんに、今の給与などの収入源だけでなく、もしもの場合でも心強い味方になるもう一つの定期的・継続的な収入を得る方法、今の時代の副業中の副業、コインランドリービジネスをご紹介します。

知っている人だけが儲かる　コインランドリー投資のすすめ　目次

第1章
「副業」と「兼業」の時代がやってきた

第2章

なぜ今、コインランドリーが伸びているのか？

第3章 コインランドリーが堅実な副業になる理由

第4章 フランチャイズ加盟が成功への近道

第5章 開業前に知っておきたいこと

第6章

開業前にやっておくべきこと

第7章

成功するには理由がある

装幀／山家由希
編集協力／ＪＰＳ
図版・ＤＴＰ／美創

第1章

「副業」と「兼業」の時代がやってきた

1 ▼本業があるからこそ有利な副業

プラスアルファが生み出す、心の余裕と豊かな生活

いうまでもなく、備えあれば憂いなしです。不確実性の時代だからこそ、今の生活に安住することなく、将来への備えが必要になります。ただそれも、生命保険のような後ろ向きの、「もしもの備え」ばかりでは気が滅入ってしまいます。

より豊かな生活、夢と希望を叶える生活、充実した人生を送るための新たなチャレンジとして捉えてください。今や時代は、「副業」を通り越して、「複業」の時代に入りつつあります。

その背景には、年功序列制度の崩壊に伴う、将来的な収入の伸び悩みがあります。一つの収入源だけでは満足できない状況は、避けようがありません。事業経営者に

とっても、時代の変化に備えるために、専業から兼業へとシフトし、リスクヘッジのために複数の軸足を持つことが欠かせなくなってきました。

併せて定年後に続く、長〜い人生です。本来ならば定年後の人生は子育てなどの苦労も終わり、社会のくびきから解き放たれ、自由を謳歌する至福の時代のはずです。それなのに、今やそこに待ち受けるのは、不安定化する年金の現状です。

もしそのときに、さらにもう一つの収入源があったとしたらどうでしょう？　日々の生活に余裕が生まれ、将来への不安が軽減して、さらに新たな挑戦へと足を踏み出せることでしょう。

定職・給与収入ありの信用を徹底利用する

今まで勤めていた会社を辞めて、新たな会社の設立準備を進め、背水の陣で新規事業に挑戦する。そのような、日本経済新聞の「私の履歴書」に出てくるような成功者の孤軍奮闘記は、読み物としては面白いかもしれません。ただし無責任に読める読み物としての話です。

今の時代に、同じように起業しようとするなら、愚の骨頂、馬鹿の極み、時代錯誤もいいところです。取引先にも、銀行にも、知人や家族にも、相手にされなくなるでしょう。

意外かもしれませんが、起業に有利な条件の一つが、給与などの定期収入があることと、本業を持っていることです。少なくとも日常生活費に充当できる分ぐらいの定期収入が確保されていなければ、話になりません。一か八かの博打に付き合うのは、それで儲かる胴元ぐらいです。

それでなくとも今の時代、一気に大儲けできる商売など、そうそう転がっていません。高度経済成長期ならまだしも、堅実、着実な事業で足場を固め、手堅く販路を広げていくのが正しいビジネス手法です。

たとえ金額は少なくても、最低限の生活には困らないだけの、確実な給与を得ていることに勝る信用はありません。

これはすでに事業主として何らかのビジネスに関わっている方にもいえます。さらに収入を増やすための新規事業であり、リスクを分散させるための兼業ですから、今までの実績が生きてきます。

サラリーマンが最強！

誰が考えても分かることですが、起業のために、それまでの仕事を辞めたとします。「さてと、まずはクレジットカードを作っておこうか」

申込書の職業欄に「無職」と書かないまでも、作ったばかりの会社名を書き込みます。役職は「代表取締役社長」です。確かに「社長」なのですが、そのような人に対して、審査を通してくれるクレジットカード会社があるでしょうか？

肩書もなかった元の会社の平社員の方が、作ったばかりの会社の「代表取締役社長」なんかより、遥かに信用があるのです。

そんなの当たり前でしょうと、誰もが思うはずです。ところが新規事業を始める場合、多くの人は上手くいったときのことばかりを考えて、こんな当然のことさえ忘れてしまうのです。

この本では、副業としてのコインランドリーの話がメインですが、たとえ本業として挑戦するにしても、まずは既存の固定収入のある生活を維持して、新規事業に伴う信用不足を補うことが肝要です。これこそが、今どきの起業の心得です。

これは銀行との取引や融資だけに関係した話ではありません。仕事上の取引相手に対しても、商売のためには不可欠な「信用」になります。

起業＝脱サラだった時代など、遥かに遠い昔々の話です。リスクを最小限に抑えた副業での起業、これが今の時代の実業家への道です。それも本業へのしわ寄せのない、休日などを使った「週末起業」ならば、さらに成功確率が向上するのです。

固定収入があるから融資が通る

保証人も不要で、開業資金を借りやすいのが『日本政策金融公庫』です。

「本業を続けながらの新規事業だし、真剣さが足りないと思われるんじゃないだろうか？」

「二股をかけていると、信用されないんじゃないだろうか？」

それ以外の地元の信用組合や信用金庫などの金融機関でも、副業だと相手にされないと思っている人が多いようです。

でも実際は、まったく逆です。金融機関にとっては、融資相談に応じて貸付けても、生活費に使われてしまったのでは目も当てられません。それでなくても一か八かのすべてを賭けた起業は、日々の生活費の捻出に追われ、仕事どころではなくなる可能性もあります。

融資した資金は、間違いなく新規事業に注ぎ込まれる。もし新規事業に問題が生じても、定期的な固定収入から、わずかずつでも返してもらえる。政策金融公庫や信用金庫にとって、これほど安心なお客さんはいません。

新規事業が軌道に乗るまでは、それまでの固定収入は手放さない。これが今の時代の、起業の成功条件だと思います。

堅実な人よりも、一か八かの勝負師の方が面白いのは、自分の利害に関係しないときだけです。まして金融機関は、石橋を叩きすぎて壊してしまうぐらいの堅実な人には、甘くなるのです。

2 ▼「副業」こそが、可能性を生み出す

将来を見据えた人生設計

ついこの前、「貧困女子」などという言葉が流行っていたと思ったら、今では「下流老人」だそうです。中高年だけでなく若者層も、ブラック企業やブラックバイトに翻弄され、先の見えない非正規雇用に身を置くしかない状況です。

就職しさえすれば、将来の生活が保障された日本式雇用形態（年功序列）の時代とは、大きく様変わりしました。バブル崩壊、リーマンショックなどを経験した大企業は、将来に備えて内部留保を厚くしようと、非正規雇用化や職能給の導入による人件費の抑制に余念がありません。

将来の備えとして保険に入る人もいるでしょう。ただその場合、考えておくことが一つあります。保険会社はボランティアではなく、保険会社自身の利益を追いかける団体だということです。

もしもの場合に支払われる保険金は、保険の加入者から集めた資金の一部還元に過ぎません。保険会社の経営に伴う日々の経費や利益配当を差し引き、あとに残った資金から分配されるだけです。

納めた保険金より多い額が還元されるなんてあり得ません。まして持病がある人でも入れる保険なんて、加入者は保険金給付を受ける可能性の高い人が多いのですから、健康な人にとっては保険金をドブに捨てているようなものです。平均すれば当然、定期預金の方が遥かに大きな金額となって戻ってきます。

やはり自分や家族の将来は、自分自身で切り開くしか方法がありません。さらに、「もしもの備え」とは、今の生活水準を守ることに留まります。今の生活で十分満足、これ以上の生活は求めないというのなら、それでいいでしょう。でも、より良い生活、より豊かな人生を求めるならば、新たなチャレンジが必要です。

従業員として一つの企業に勤め続けても、会社の中枢に加わって経営役員にでもならない限り、得られる収入は低いままだということです。複数の収入源を持たない限り、この頭打ち状況は避けようがありません。世はまさに、複数の収入源の得られる「複業」と「兼業」の時代に入ろうとしています。

だからといって、誰もがすぐに「複業」や「兼業」に取り組めるわけではありません。やはりここでも「順序」を踏む必要があります。将来の「複業（柱となる複数の収入源）」を目指した「副業（現在の収入を補完する収入源）」から始めざるを得ません。

その副業での経験が、新たなビジネスチャンスをモノにする出発点となることでしょう。

物事には、順序と欠かせないものがある

まずは、自分に何ができるかを見極めるべきです。

技術があれば、その能力を生かすのもいいでしょう。社交性がある人は、その人脈

や営業能力を生かせばいいのです。土地などの資産を持っている人は資産活用を考えればいいのです。

でも多くの人は、「特段の技術もないし、資産もないし……」「商売の経験もないし、まして経営なんて……」と思っているようです。

そこで手をこまねいているようでは、先へ進みません。仕事を始めるには、まずは種銭《たねせん》作りです。たとえ技術があろうと、営業能力に優れていようと、経営手腕に長けていようと、資金ゼロでは何も始まりません。資本金を集めるにしても、開業資金を借りるにしても、本人が1円も出さないようでは、誰にも相手にされません。

まずは最低限の資本作りから始めましょう。「技術もないし」「経験もないし」「営業力もないし」などという悩みは、徐々に解決していけばいいだけです。そのコツは、このあとご紹介します。

著者の私がご協力できないことは、ただ一つ、種銭（資本金）作りです。それは、本人の日々の努力の積み重ねでしかできません。そして、そのための貯金は、目標を明確に立てることから始まります。

副業の創業資金の半分は自己資金というのが一般的です。金融機関による開業資金融資の目途も、自己資金と同額以内となっています。金融機関に頼らず、親兄弟や知人から出資を受けるにしても、自己責任でせめて半額程度は準備しなければ、信用されないでしょう。

要注意！　最初のボタンのかけ違い

副業として、どのような事業を考えるのか？　この件についてはこのあと詳しく述べますが、今の時代、さまざまなビジネスが百花繚乱の様相を呈しています。さらに、すでに飽和状態に達しているかのように見えても、個人が新規参入できる事業は次々と生まれています。

それも、近年のフランチャイズ方式の定着によって、特殊な技能や経験がなくても、誰もが参加可能なビジネスチャンスが生まれています。『アントレ』や『フランジャ』などのフランチャイズや新規事業の紹介雑誌、頻繁に開催されるフランチャイズ加盟を促す講習会、ネット検索すれば無数のフランチャイズ紹介サイトがあります。

一見、魅力的なキャッチフレーズが林立している紹介サイトや記事なのですが、フランチャイズ本部の謳い文句だけでは実態が見えてきません。

そのような雑誌やインターネットで紹介されているフランチャイズ本部は、加盟店が増えれば加盟金が得られます。だから、「こんなに儲かりますよ」と勧誘するのは当然です。そして、これまた当然のことながら、ビジネス上のマイナス面については口を閉ざしています。

やはり、パンフレットやセミナーで情報を得るだけでなく、自分の足を使って加盟店を見て歩き、それぞれの店舗のオーナーに聞き取り調査をすることが欠かせません。聞いて、見て、実感して、想像して、考える。この繰り返しこそが、副業を手がける準備として必要です。たかが副業、されど副業です。フランチャイズ本部の甘い言葉に惑わされたり、十分な確信もないのに見切り発車することだけはやめましょう。

特に「副業」として新規事業への参入を考える場合、どれだけ儲かるかより大切なことがあります。

一つは、リスクマネジメントができるかどうかの問題です。ビジネスならば、儲けるつもりが大損となって返ってきても不思議ではありません。小学生じゃあるまいし、「頑張りました」「努力しました」だけでは、誰も認めてくれません。結果がすべてですから、とことんリスクを読み込んだシミュレーションとマーケティングリサーチが必要です。

二つ目、実はこれが副業では一番大切だと思うのですが、本業（会社勤め）に影響しないような許容範囲内に、自分や家族の時間と労力の負担が収まるかどうかです。

どの商売が儲かるかを考えるのと同じぐらいの比重で、この2番目の条件、費やす時間と労力についての読みが必要です。

3 ▼技術不要！　経験不要！　営業も不要！

今の時代、そしてこれからの時代、何が求められるのか？

一時的なブームに乗っかって、「儲かるから」だけの理由で起業しても、やがてお客さんは去っていきます。ビジネスの基本は、その事業の社会的存在価値にあります。顧客のニーズがあるかないか、事業として継続的に成り立つ要素を内包しているかどうかは、まさにこの社会的存在価値によって決まります。

奇をてらったり、ブームに乗っかって目先のお金だけを追いかけるのではなく、長期的展望を見据えたビジネスを手がけるには、その仕事がなぜ長続きするかを考える必要があります。今現在、そして将来、何が求められ、何が必要とされているのかを見極める姿勢です。

考えるヒントは、いくつもあると思います。

最初は「こんなお店があったらいいなー」と、漠然と思っただけかもしれません。その次は、なぜそう思ったのかを掘り下げ、ビジネスとして成り立つかどうかを考えていけばいいのです。ビジネスって、ちょっとした閃きが出発点であることが多いのです。

大切なのは、閃いた新規ビジネスが社会に受け入れられるかどうかです。社会的存在価値があれば、「わー、これっていいねー」「こんなお店を探していたのよー」と、共感が広がるかもしれません。

隠れたニーズを見つけ出し、それを具現化するのがビジネスです。存在することに意味があり、世の中のために役に立つ仕事ならば、そこにビジネスのシーズ（種）が潜んでいます。

中途半端な見切り発車は、失敗の元です。特に、慎重の上にも慎重を重ねなければならない事前準備が、事業計画とリスクヘッジです。事業計画を立てたならば、幾度もシミュレーションを繰り返し、ありとあらゆる条件下での事業運営に備えることが大切です。

私がフランチャイズに加盟していただいたオーナーさんたちと接していて一番多いのが、上手くいった場合の希望的観測のみで、事業計画を立てる人たちです。

事業計画で一番必要なのは、上手くいった場合のことではなくて、上手くいかなかった場合にどのように対処するかということです。これはもう一つの要件、リスクヘッジに繋がります。最悪の場合でも、これで大丈夫といえる態勢ができていれば、鬼に金棒、弁慶に薙刀《なぎなた》、虎に翼です。

「技術不要、経験不要、営業も不要」それでも私が本を出す理由

私の推奨するコインランドリービジネスを例にとれば、繰り返し述べているように、今ある固定収入を手放さなければ、徐々に機械と設備などの先行投資分の償却がすみ、利益を生み出す打ち出の小槌《こづち》だけが残る計算です。

日常経費も、固定費となる人件費のかからないビジネスですから、お客さんが多ければ、比例して光熱費や洗剤などの原価が増え、お客さんが少ないときは、限りなく原価が縮小することになります。要は、無理さえしなければ十分、採算点が確保できるビジネスなのですが、それでも石橋を叩いて、事業計画の見直しとシミュレーションを繰り返し、さらにはリスクヘッジを万全に整える必要があります。

フランチャイズ加盟店のオーナーさんは、私のパートナーであり、共同経営者だと思っています。だから、「コインランドリーの経営には、技術もいらなければ、経験も必要ありません。営業力さえ必要ないのです」といいながらも、全体像を知ってもらいたいのです。

さらに、ビジネスの面白さがあります。一つの事業を手がけると、次の事業のアイデアが浮かんできます。

この間、多くの方に私の経営する企業のフランチャイズに加盟していただきました。でも、最初からすべてが上手くいったわけではありません。試行錯誤を繰り返し、数多くのクレームに頭を抱え、悩ましい日々を過ごしたこともあります。

そのときに一番の力になったのは、私の未熟さゆえに迷惑をかけたり、クレームをいただいていたフランチャイズ加盟のオーナーさんたちでした。私にとっては、共に悩み、試行錯誤を繰り返し、一歩一歩成功体験を積み重ねてきたパートナーそのものです。

成功体験を共有することで、その先にまた新たなビジネスチャンスが生まれるのだと思います。

だからこそ、まずはこの本で、ビジネスとしてのコインランドリーのこと、副業としてのコインランドリーのこと、そしてフランチャイズとの関わり合い方を知ってほしいのです。

このあと、副業としてのコインランドリーのすべてを紹介しますが、最初はざっと目を通して、全体像をつかんでいただくだけでも結構です。実際のところ、コインランドリーについては、大雑把な知識だけでも十分に経営が可能です。

しかし、より売上げを伸ばし、利益率を上げ、さらには次のステージへと高みに上るには、一つでも多くの知識を得ることが必要です。この本がみなさんの、新規事業へと足を踏み出すきっかけになることを願ってやみません。

第2章

なぜ今、コインランドリーが伸びているのか？

1 ▼ 新しいライフスタイルを生み出したコインランドリー

家庭用洗濯機が普及したのに、なぜ？

この本の読者の大多数は、新たな投資や副業を考えているような男性だと思います。私の投資セミナーでも、最近でこそ女性の参加者が増えてきましたが、まだまだ男性が大多数です。

私はこれまで、コインランドリービジネスの可能性とその利点について、セミナーやテレビで繰り返しご紹介してきましたが、最初にぶつかるのが「コインランドリーなんて商売になるの？」という、多くの男性方の疑問です。ビジネスの基本である、顧客ニーズの存在に対する疑問が多いのです。

そこでお尋ねしたいのですが、コインランドリーについて、みなさんが持っているイメージはどのようなものでしょうか？

「銭湯の隣にある薄暗い建物……」

「場末のビジネスホテルにも、コインランドリーがあったよね」

「学生時代、漫画を読みながら時間を潰した場所だよ」

そのような印象をお持ちの方が大多数だと思います。

多くの男性がイメージするような、学生向けのアパートや下宿、銭湯の近くの昔ながらのコインランドリーは次々と潰れていきました。

そうなるのも必然です。今では、主なお客さんであった一人暮らしの独身者も、風呂付きで、テレビ、洗濯機、冷蔵庫、掃除機などは持っていて当たり前の時代になっています。アパート住まいの一人暮らしの学生でも、その8割以上が洗濯機を持っているそうです。

常連客が減少して、寂れるコインランドリー。このような昔ながらのコインランド

コインランドリー店舗数の推移

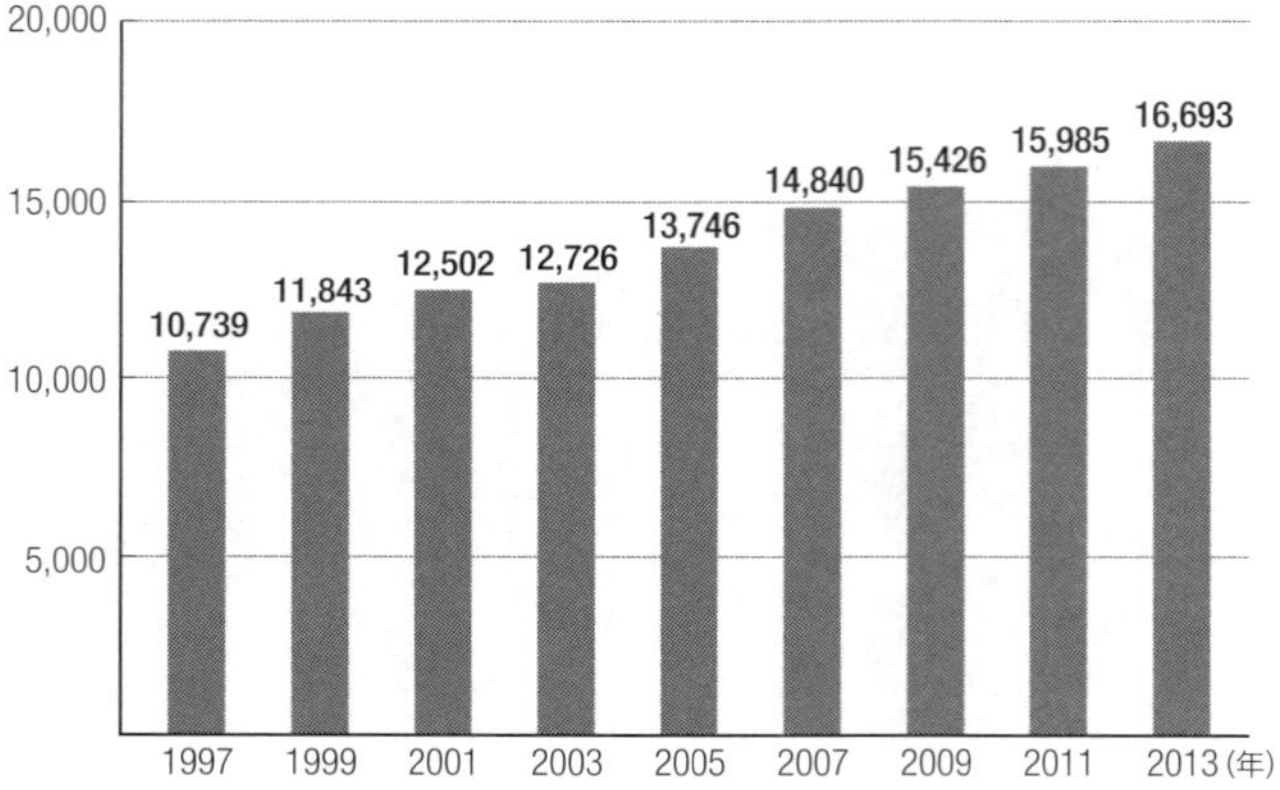

出典：厚生労働省「コインオペレーションクリーニング営業施設に関する調査（施設数）」より

リーは、次々と閉店していきました。ところがここに驚くべき統計資料があります。厚生労働省による、日本におけるコインランドリー店舗数の推移のデータです。

実はここ10年の間、コインランドリーは毎年300～500店舗のペースで増え続けているのです。一方で銭湯の横にあったようなコインランドリーの閉店も相次いでいるはずなのに、トータルで300～500店舗も増えるなんて、この表に示された増加数を遥かに上回る新規出店が続いているということです。

その結果、20年前は1万店弱だったコインランドリーが、2016年現在で1万6000店以上にまで急増しています。それも、以前のコインランドリーに比べると、洗濯機や乾燥機も容量の大きい大型機が増え、お店の面積も倍増しているのです。

昔は学生、今は主婦

従来型のコインランドリーが衰退して、新たな形のコインランドリーが急成長を続けているのには理由があります。それは、利用者層の大変動です。

以前のコインランドリーは、利用者の7割以上がアパート住まいの単身者や学生でした。それが今では、利用者の8割近くを、家庭の主婦や社会的な進出を果たしたキャリアママが占めています。そこには、利用者のコインランドリーに対する意識の一大変革があります。

家には家庭用洗濯機があり、今では乾燥機能付きの家庭用洗濯機も珍しくないのに、それでも有料のコインランドリーの業務用洗濯機や業務用乾燥機を使う。それは、家庭用洗濯機では得られない便利で優れた機能があることに気づいたことと、コインランドリーを使わざるを得ない状況に、多くの主婦が追い込まれているからなのです。

コインランドリーに設置された洗濯機や乾燥機が、どのように機能的に優れているかについてはのちほど説明しますが、どこのコインランドリー店でも結構ですから、一度試していただければ、一切の説明は不要でしょう。

業務用の大容量洗濯機の機能や、天候に左右されず、さらに仕上がりでは外干しや家庭用の乾燥機などを遥かに凌駕《りょうが》する業務用乾燥機の能力については、家庭の主婦ならば、すでに実感している方も多いはずです。

実は、それにも増して、このようなコインランドリーに設置された業務用の洗濯機や乾燥機を利用せざるを得ない、今の主婦やキャリアママが置かれている状況があります。

その一つが、第1章で述べた、一家の大黒柱であるダンナさんの収入の頭打ちです。

初めは専業主婦だったはずなのに、いつの間にかパートやフルタイムで働きに出る女性が増えてきました。その結果、家電製品の普及によって家事はずいぶん楽になったとはいえ、現代の主婦は昔に比べ、家にいられる時間が少なくなり、かなり忙しくなったといえます。

特に平日の昼間、家にいる時間が減りました。そうです、主婦によるコインランドリー利用が増えた最大の原因は、平日の昼間に家にいられなくなったため、晴れているからといって洗濯ができなくなったことです。

洗濯できるのは、せいぜい週末の土日程度です。その結果、1週間分の洗濯物が溜まっていても、週末が洗濯日和の天候になるとは限らないという状況に追い込まれます。これが、コインランドリーへの依存度が高まった最大の理由です。

2 ▼コインランドリーのない生活は考えられない

主婦がコインランドリーに引き付けられる理由

外出が増え、忙しくなった主婦やキャリアママ、さらには独身女性。洗濯できるのは、せいぜい土曜日か日曜日だけです。その土日が晴天とは限りません。ましてや1週間分の洗濯物を溜めてからの洗濯です。家庭用洗濯機では、一度に洗濯可能な容量は9kg程度です。それ以上の容量になると、脱水時に遠心力で洗濯機が躍り出してしまうのです。家庭用の洗濯乾燥一体型の機械は20万円もしますが、それでも洗濯容量9kg、乾燥容量4kg程度が一般的なのです。ほとんどの家庭では、このような20万円もの高額な一体型の機械を買っても、洗濯機としてしか使わなくなっています。

一度に洗える量が圧倒的に違う。これがコインランドリーに設置された洗濯機や乾燥機の最大の特長です。家庭用洗濯機の主流は5～6kgですから、仕方なく、せっかくの休日に、幾度も洗濯機を回すことになります。

週イチでしか洗濯できない4人家族の主婦ならば、最低でも1日で4～5回も回すことになります。その場合、1回当たり約45分ですから、洗濯物を出し入れしたり干したりしているうちに、せっかくの休日の貴重な時間が4～5時間も失われる計算です。

ではなぜ、家庭用の洗濯機の容量をコインランドリー並みに増やすことができないのか？

コインランドリーで使われている業務用の洗濯機は、アンカーという金属棒で地面に固定されています。一般的には1台の洗濯機に対して直径16㎜のアンカーを6本、地中に20㎝ほど埋め込んでいるのです。大容量でも動くことなく、最大で36kgまでの洗濯物の遠心力に耐えられるようになっています。これは4人家族の1週間分の洗濯物を一度に洗濯できる容量です。

今後、家庭用洗濯機にどのような改良が加えられようと、このような業務用洗濯機並みの容量を持った洗濯機が、家庭用として開発されることなどあり得ないのです。

さらに家庭用洗濯機では、洗ったあとに洗濯物を干して、乾いたら取り込むという作業が伴います。最近普及し始めた家庭用乾燥機でも、家庭用洗濯機の容量のさらに半分が、一度に乾かせる容量の限界です。さらに業務用に比べて時間もかかり、乾いてもしわくちゃになってしまいます。

家庭用乾燥機と業務用乾燥機でタオルなどを乾燥させてみると、業務用のふっくらとした仕上がり具合に、これが同じタオルなのかと驚かされます。それほどまでに家庭用と業務用の乾燥機では、容量だけでなく仕上がりに違いが出るのです。

家庭用とはあまりにも違う、業務用機器の優位性

専業主婦が毎日のように掃除や洗濯ができていた時代には、家庭用洗濯機で十分でした。その日の天候に合わせ、掃除や洗濯や料理を要領よくこなしていけばよかったのです。

それが今では一変して、平日は夜まで帰れず、たまの休日には雨が降るといった状況に追い込まれました。さらには天気が良くても、せっかくの休日なのに4~5時間も洗濯作業に追われます。

そこに、大容量で一気に洗える業務用洗濯機を備えたコインランドリーが登場しました。それも、衣類どころか布団などの大物でもへっちゃらな大容量洗濯機の登場です。忙しくなった主婦が飛びついたのは当然といえるかもしれません。

もう一つ見逃せないのが、業務用乾燥機の進化です。

家庭用の乾燥機の熱源は、ヘアドライヤーなどと同じく電気です。当然のことながら、温度はそれほど上がりません。さらに風力も弱く排気ダクトも不十分ですから、湿った空気が乾燥機槽の中を回っているだけで、乾くまでに時間がかかります。

容量も小さく時間もかかる割には、仕上がりもパッとしません。ただ衣類から水分がなくなった程度というだけの代物で、乾燥機と呼ぶにふさわしいかどうかは疑問です。

一方、コインランドリーに設置された業務用乾燥機の熱源は、ガスです。ガスコンロなどと同じように、一列になって青い炎が出る30㎝くらいの筒が2~3本、乾燥ドラムの上に並んで高熱を発生します。

さらにその乾燥ドラムの下には、巨大なファンが付いた扇風機があり、熱風を送って一気に洗濯物を乾燥させるのです。もちろん熱風で奪った湿気はダクトを使って強制排気します。

最初は口コミによって、徐々に主婦層の間でコインランドリーの業務用機器の優位性が認識されました。それが野火のように広がって、今では日常生活に欠かせない設備として定着してきたのです。その要因が、容量の問題だけではない、あまりにも明白な仕上がりの違いでした。

量と質の両方がそろったからこそ、コインランドリーの爆発的普及が始まったのです。

もはや主婦に、コインランドリーのない生活は考えられない

さらに業務用乾燥機の優位性については、業務用洗濯機以上に容量の問題があります。

洗濯機の方は、ドラム式ならばぎゅうぎゅうに詰めた方がきれいに洗えます。洗濯物が水を吸うと少し隙間ができます。そのために洗濯機の中のひだに洗濯物が押し付けられ、回るたびに押し洗いされるのです。この特徴を生かし、クリーニング店やおしぼり屋さんなどでは、押し込むぐらいに詰めています。

ところが乾燥機となると、業務用ですら容量の3分の1程度に留めておいた方がいいのです。濡れた洗濯物は、乾燥機の中でひらひら回るぐらいでないと乾きにくいのです。少なすぎても上手く回らないので、3分の1ぐらいが適量です。

夏に、天日干しされたタオルがバリバリになっているのを見たことがあると思います。明るく強い太陽の下なのに、まるで煎餅《せんべい》のように固くなってしまいます。

一方、乾燥機を使えばふわっと仕上がります。ドラム式の乾燥機には復元効果があるからです。

タオルは、乾燥機内の温風でふわりと舞い上がり、そのあとドラムにへばり付かずに下に落ちます。そのように半分回っては下に落ちることを繰り返すので、ループ状になったタオルの毛が起き上がり、ふわっとした仕上がりになるのです。タオルケットや毛布、羽毛布団なども同じ原理でふわっと仕上がります。

ここまで書けばお分かりでしょう。業務用の大型ガス乾燥機を一度使うと、もうやめられないという主婦が増えているのです。

今や、たまの休みのときにしか洗濯ができなくなった忙しい主婦です。ところが、その貴重な一日さえも天候に左右されます。外に干せず、やむなく部屋干しして、せっかくの休みなのに部屋中洗濯物だらけでは、ご主人も子供たちも不機嫌になります。

天候に左右されないですむ。これが多くの主婦にコインランドリーが受け入れられ、歓迎された理由です。さらに業務用乾燥機の優れた特性によって、賢い主婦にとっては、大型コインランドリーは新しいライフスタイルの一部になっているのです。

同時に私たちコインランドリーを商いにする者にとっては、雨の日にはコインが空から降ってくるといえるほど、雨が降るとコインランドリーがフル回転となり、笑いが止まらない状況になっているのです。

3 ▼流行るコインランドリー、廃れるクリーニング店

一新されたコインランドリーへのイメージ

もう、お分かりですね。家庭用洗濯機や乾燥機がどれだけ進歩しようと、業務用洗濯機や乾燥機の機能には遠く及ばないのです。

さらに昨今の住宅事情もあります。洗濯物を干す場所にも制限があるのです。欧米では、洗濯物を人目に付くところに干そうものなら、一斉にご近所からクレームが飛び込んできます。それどころか警官がすぐに駆けつけてくるぐらいです。

さすがに日本では、まだそこまではいきませんが、ベランダにも干しづらい雰囲気になりつつあります。高層マンションなど、そもそも洗濯物を干す場所なんてありません。それなのに、家庭用乾燥機ではかろうじて乾かすだけで、それでなくとも湿気

の多い日本の風土ですから、満足できる仕上がりにはなりません。

コインランドリーに備え付けられた業務用洗濯機や乾燥機の大型化、高品質化、効率化、時間短縮などの利点に、いち早く気づいたのは主婦たちでした。時代の変化によって自由な時間が少なくなった主婦たちにとって、コインランドリーは福音をもたらします。

そのような一新されたコインランドリーの爆発的な成長は、地方都市から始まりました。それも共働きの多い、福井県など日本海側から始まったことは特筆すべきでしょう。

「そうだ！　あそこにコインランドリーがあった」

週末に、いつも通勤に使っている軽自動車の後部座席に洗濯物を詰め込み、道路沿いのコインランドリーへ。

布団だろうと毛布だろうと、かさばるものでも一気に洗えます。雨が降っていようと、風が強かろうと、業務用乾燥機の仕上がりは、晴天の日の外干しよりも遥かにふかふかです。

まして今のコインランドリーは、場末の銭湯の横にあったような薄暗い場所ではありません。オシャレで清潔、イメージを一新した店舗が増え続けているのです。

その便利さが口コミで広がり、地方都市から始まったムーブメントは都会へと攻め上がってきています。

フルサービスのクリーニング店か、セルフサービスのコインランドリーか

一時期、クリーニングの取次店も、フランチャイズ方式で増えていきました。ところがそれらのクリーニング取次店は、昔ながらのコインランドリーが廃れるのと同じように、1軒、また1軒と店仕舞いが続いています。

これらのクリーニング店は、形状記憶繊維の登場以降、売上げが激減しています。

以前ならばクリーニング店でパリッと仕上げた、糊の利いたワイシャツがサラリーマンの必需品でした。それが今ではワイシャツに留まらず、中にはスーツなども形状記

コインランドリー、クリーニング店舗数の推移比較

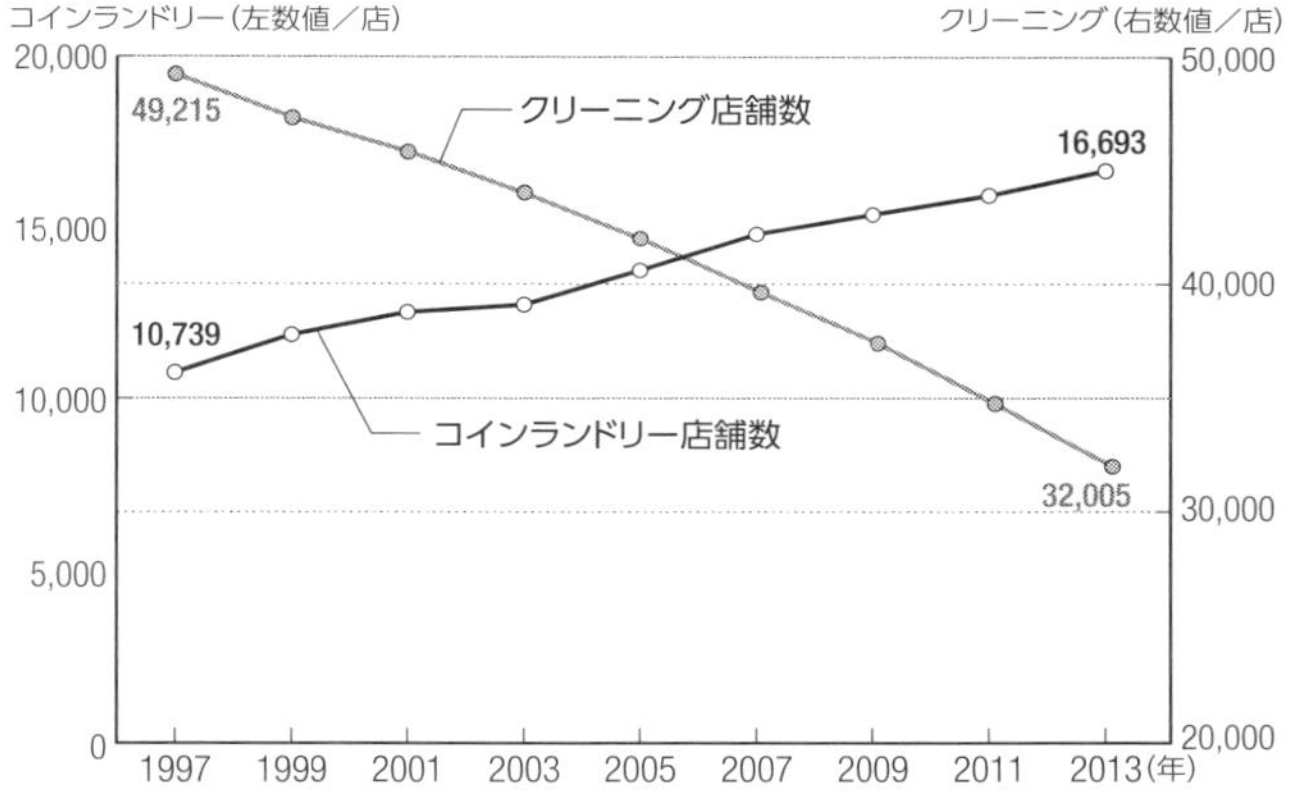

出典：厚生労働省「平成26年度衛生行政報告例の概況」より

憶繊維でできていて、ウールマークの付いているような衣類以外は、自分で簡単に洗濯できるようになりました。

さらに、機能性に優れた業務用機器を備えるコインランドリーの登場です。仕上げも遜色なく、違いといえば業者の手を煩わせるか、自分で機械を動かすかということだけです。

クリーニング店とコインランドリーには、フルサービスかセルフサービスかの違いぐらいしかなく、街のガソリンスタンドがどんどんセルフサービスに変わったように、少しでも経費を抑えたければ、

クリーニング店じゃなくコインランドリーを選ぶようになるでしょう。

それでなくても、クリーニング業界で取次店と呼ばれるお店は、もともと利幅が低いのです。常駐の店員が必要な割に、粗利は売上げ総額の2~3割程度です。そこから家賃や人件費などを引けば、ほとんど残りません。

クリーニング店の主な仕事は、タグを付けて工場へ出すという一見誰にでもできそうな作業ですが、あれやこれやとクレーム対応に振り回されるなど、労多くして実りの少ない仕事の代表のように語られる有様です。これでは、クリーニング店が廃れ、コインランドリーが流行るのも、当然といえば当然のことかもしれません。

毛布やタオルケット、羽毛布団なども、クリーニング店では、そこそこの高い料金設定です。さらに最寄りの店に持ち込んでも、すぐに仕上がるわけではなく、後日また取りに行くことになります。

実は、ズボン1本にかかるクリーニングの実質経費は数十円に過ぎません。それなのに末端価格ともいえるお客さんの支払う料金は、安いお店でも400円程度です。

この金額の差の理由は人件費にあります。取次店といわれる街のクリーニング店で受付をする人、工場で機械を回す人、アイロンをかける人、取次店と工場との運送に携わる運転手さんなど、さまざまな人が関わるクリーニング店は、実は労働集約型産業なのです。

それに比べると、コインランドリーは設備産業で、人件費はほとんどかかりません。コインランドリーのオーナーにとっては、設備した機械が自動的に利益を生み出すシステムなのです。

一方でお客さんにとっては、利用価値の高い業務用洗濯機や業務用乾燥機を自由に使える便利なスペースとなります。

地方都市から都心部へ

先にも触れたように、家庭の主婦のコインランドリー利用は地方都市から始まったといってもいいすぎではないでしょう。それには、いくつか理由があります。

まず、地方都市の方が共働き率が高いのです。共働き夫婦の比率日本一は福井県の67・9％です。第2位が山形県（67・4％）、第3位が島根県（65・8％）です。一方で共働き率最下位は兵庫県で48・3％、下から3位が大阪（49・1％）、首都東京は下から7位の51・8％です（総務省統計局「平成24年就業構造基本調査」より）。

また、地方都市だと、たいていの主婦が自分専用の軽自動車を持っていて、主な交通手段になっています。都会だとマンション暮らしが多く、駐車料金が高かったりするので、クルマよりバスや地下鉄が便利です。

1週間分の洗濯物は、それなりにかさばりますから、クルマでないとコインランドリーまで持っていけないといった事情もあるようです。

さらに地方へ行けば、生活道路沿いに空き地や空きテナント物件が多く、1990年代のバブル崩壊の直後から、コインランドリーのフランチャイズチェーンの急速な進出が始まっていました。

このように、最初は地方都市から始まった新しい形のコインランドリーだったのですが、最近になって、徐々に都心部へと攻め上がっていきました。

都心部にコインランドリーが多くなってきた要因の一つに、首都圏でもテナント募集中の店舗用地が増えて、テナント料が安くなったことが挙げられます。

首都圏といっても、もちろん最初は郊外型の住宅地から始まり、じわりじわりと、さらに都心部へと攻め上がってきたように思います。

首都圏や主要都市周辺でも、大型スーパーマーケットやコンビニエンスストアの進出に押されて、昔ながらのお店が姿を消し、さらにはコンビニエンスストア同士の競争によって潰れる店も多くなり、比較的安い賃料で借りられる空き店舗や空き地が増えてきたのです。

さらに都会に住む人たちの間でも、地方都市のように足代わりの軽自動車でコインランドリーへ持ち込むことはできないにしても、主婦層やキャリアママを中心にコインランドリーの便利さが伝わり、利用者が急増しています。

第3章

コインランドリーが堅実な副業になる理由

1 ▼見た目ほど儲かっていない、あの副業

副業の王道、アパート・マンション経営の落とし穴

アパートや賃貸マンションの家賃収入で優雅な生活、これがつい最近までの副業の主な花形でした。バブルの崩壊までは不動産価値も上がり続け、資産運用と副収入確保が同時にできたのです。

特に親から受け継いだ不動産を所有する人たちにとって、相続税対策も兼ねることができたのですから、これほど美味しい商売はありません。

他にも、住宅ローンで分譲マンションを買い、自分はアパートで暮らしながら、所有物件は人に貸して副収入を得るなどということもできました。

1軒、また1軒と分譲マンションを買い足し、単身ながら億単位の価値を持つ不動

総住宅数、空き家数及び空き家率の推移

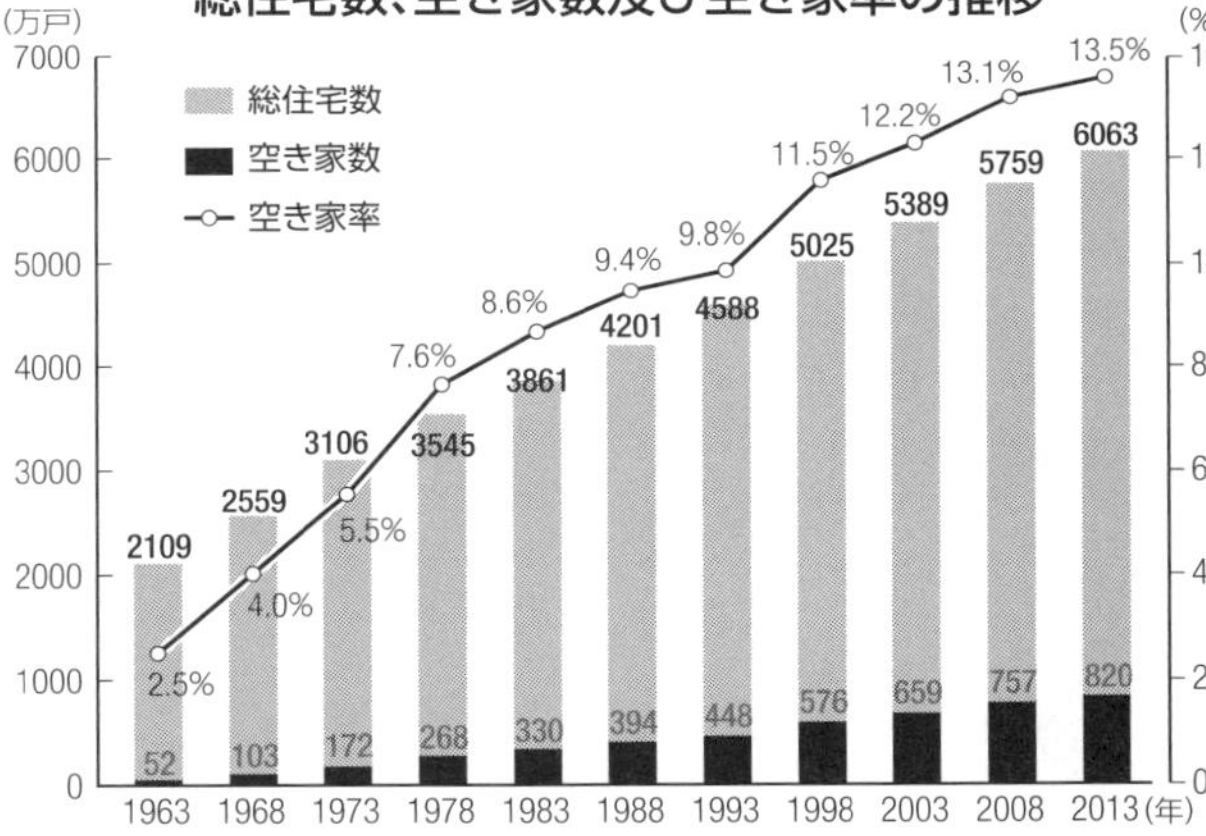

出典:総務省統計局「平成25年住宅・土地統計調査」より

産を所有した女性もいます。誰もが土地神話に疑いを持つことなく、堅実な副業として不動産の所有と運用を考えていたのです。

しかし、それも今は昔です。相続税対策を兼ねて建てたアパートは空室だらけになり、賃貸用物件としての運用を考えて買ったマンションも空室が目立つ有様です。都心の一等地を除けば、空き家率や空室数が増え続けているのです。

アパート暮らしの学生でさえ、好みが大きく変わりました。家賃の安さよりも新築物件を好み、更新時期には引っ越すことも増えました。学生向けに新築アパートを建てても、借り手で埋まるのは築後3、4年だけという有様です。その上、地主さんにアパート経営を勧める業者が、新築時だけ優先的に借り手を入れるといった手口が横行しています。

さらに少子高齢化によるひずみが追いうちをかけてきます。すでに独居老人の孤独死は日常茶飯事です。事故物件になるとまではいわないにしても、「怖くて、50歳を過ぎている人には貸せないですよ」というのが、アパート経営をしているオーナーさんたちのつぶやきです。若い人は借りない、借りてくれる中高齢者は何があってもおかしくない。そのような時代です。

「アパマン経営って、いつ爆発するか分からない時限爆弾を抱えているようなものですよ」

今は昔となった優雅な時代に、副業でアパマン経営に取り組んできた人たちの恨み節です。

パート、アルバイトが必要な副業は、労務管理と固定費に振り回される

先にコインランドリーとの比較で少し触れたクリーニング取次店も、一時期フランチャイズによる展開で急速に伸びたことがあります。それほど大きな店舗を必要とせず、機械などの投資もほとんど必要なく、さらには技術指導をしなくても主婦のパート従業員でこなせる手軽さが魅力だったようです。

ただし一つだけ欠点がありました。利幅が少ないのです。それは、ノウハウがなくても、誰でも小資本で始められる事業に共通する特徴です。一方で、テナント料とパート従業員の人件費が、毎月コンスタントに出ていきます。

立地条件のいい物件は当然家賃も高くて経費倒れとなり、家賃の低い物件はお客さんが少なくて人件費分の固定費が捻出できません。誰でもできる商売は、儲けが少ないので、安い時給でパートを確保するには、ひっきりなしの求人と勤務シフトの調整がオーナーの主な仕事になってきます。

同じように、コンビニエンスストアや飲食店でも労務管理に振り回され、結局は家族ぐるみで24時間働く羽目になります。フランチャイズ化によって、起業は比較的容易になったものの、一方でフランチャイズ本部へのロイヤリティ支払いなどが発生して、利幅の少なさをオーナー一家が自らの労働で穴埋めすることにもなりかねません。中には、年中無休の24時間営業を強いられるコンビニエンスストアなどもあり、そこまでではないにしても、休業日を決めることさえオーナーの自由にならないフランチャイズも数多くあります。

当然、そこには従業員の雇用と勤務シフトのローテーションに悩み続ける現実があります。やはり、たとえパート、アルバイトであっても、人を使う商売は、副業には向かないのです。

余裕を持ってより多くの人を雇い入れておけばいいのですが、それでは人件費がかさんでビジネスにはなりません。

あるコインランドリーの例ですが、亡くなったご主人の退職金を元に、コインランドリーを開店したお婆さんがいます。自分の健康維持を兼ねて、パートさんを雇わずに毎日15分ぐらい歩いて店舗へ行き、洗濯機や床の清掃をしては、集金して帰るという生活をしていました。

毎日元気に、コインランドリーへ来るお客さんとの会話を楽しみに通っていたのですが、ある日たまたま風邪を引いてしまいました。もちろんお店には行けません。でも、その日もいつも通りの売上げです。風邪が長引けば、それはそのときになってから、誰かに清掃を頼めばいいだけです。別に決まり切った時間に誰かが行かなければならないなどということはありません。

これが他の業種ならばどうでしょうか？　常駐できる人がいなければ店は閉じたままです。その日は1円も稼げません。ところが、コインランドリーを開業したこのお婆さんの場合、年に数回は旅行に出かけています。前もって知り合いに、簡単に掃除の方法だけを教えておけばいいだけですから、これほど楽な副業は他にはありません。

同じコインビジネスでも、自販機も、駐車場も、洗車場も、大して儲からない

コインビジネスとは、自動販売機などを利用した無人商売だといえなくもありません。無人とまではいえなくても、スタッフの常駐を必要としない省人件費ビジネスです。他にも、コインパーキングやコイン洗車場、敷地の一角を利用した清涼飲料水などの自販機設置、さらにはゲームセンターなどがあります。

これらのコインビジネスの一番の利点は、前述のような煩わしい労務管理に忙殺されることもなく、人件費に代表される固定費を抑えることができることです。

バブル崩壊以降、中断した地上げのために、中途半端な空き地が目立つようになりました。そのような空き地は、せめて固定資産税分の支払いの足しになるようにとコインパーキングになり、清涼飲料水の自販機なども次々と置かれてきました。

しかし、その実態はまさに、せいぜい固定資産税分の一部穴埋め程度の売上げが得

られるだけ、というものです。

ビジネスとして、コイン駐車場やコイン洗車場を考えれば、1か所当たりの売上げは微々たるものですから、同時に十数か所の店舗を運営せざるを得ません。

ところが、それだけの規模で運営するとなると、見回りやお客さんからのクレーム処理に終日忙殺されることになります。結局、規模を大きくしすぎると、コインビジネスの最大の特長である無人化の利点が生かせないのです。

2 ▼雨の日は、空から百円玉が降ってくる

天候不順、不況に強いビジネス

コインビジネス（チャリンチャリンビジネスという人もいます）と一括りにしがちですが、清涼飲料水の自動販売機設置やコインパーキングやコイン洗車場などは、よほどの一等地でもない限り、空き地の有効利用程度の売上げにしかならないのです。

一方でそれだけの一等地ならば、もっと効率のいい商売が考えられるでしょう。

それではと、数か所に拡大して面積を広げても、雑草処理や備品の管理、挙句の果ては見回りのために常駐者を配置しなければならないなど、経費がかさむだけです。

ましてや賃貸物件の借入れを増やしたり、新規に土地を取得して規模の拡大を図ったりすれば、これらのコインビジネスでは経費倒れとなり、採算が取れません。

なぜ今、コインランドリーなのかは、第2章に書いた通りなのですが、それ以上に注目していただきたいのが、特に副業ビジネスとしてのコインランドリーの利点と、その将来性です。

2016年の初めに、TBSの朝の番組『がっちりマンデー!!』で、「なんで儲かってるのかよくわからないお店」として私のコインランドリーの店が取り上げられて、私も出演しました。

この番組の中でも、レギュラーコメンテーターの方々は、「雨が降ると空からコインが降ってくるなんて……」と、呆気にとられていました。

このように、誰もが気づかないうちに急成長したのがコインランドリービジネスです。それほど多くの客が集まっているようにも見えないのに、コンスタントに売上げを伸ばしているビジネスは珍しいと思います。

常駐スタッフを必要としないコインビジネスですから、設置された洗濯機や乾燥機が、自動的に稼いでくれます。

一般的なビジネスでは、雨が降れば客足が遠のき、不況になれば売上げが伸び悩みます。一方コインランドリーでは、雨が降れば売上げが爆発的に伸び、不況になれば家庭の主婦も働きに出るので利用率は急増します。天候不順などに強く、不況にも強いという不思議なビジネスなのです。

無理のない副業としてのコインランドリー

すでに、共働きの主婦や仕事に飛び回るキャリアママにとって、必要不可欠となったコインランドリー。人手いらずで、着実・確実に収益を積み重ねることができるという特徴を持つ反面、コインランドリー事業を本業として起業するには、少々物足りない面もあります。

確かに一攫千金を狙うには、不向きなビジネスです。そのような、のるかそるかの大勝負がお望みならば、コインランドリービジネスは対象外です。また既存の商店並みに、最低でも年商数千万円を目指すのであれば、同時に10店舗程度の開設が必要となります。

もちろん将来的には店舗を拡大して、事業の拡大を図るのもいいことだと思うのですが、いくら経験や知識を必要としないコインランドリー経営だからといって、事業として拡大していくには、経営者としての管理能力が必要になってきます。

また、規模を拡大して、どれほど洗濯機や乾燥機の数を増やして集客を図ろうとも、数km も離れたところからお客さんが通ってくることはありません。

限られたエリアの中で、着実に収益を上げるのがコインランドリービジネスの特徴です。それを無理なくできるからこそ、副業として最適なのです。

この特徴、考えようによっては、競合するコインランドリー専業事業者の参入を防ぎ、いったん顧客を確保してしまえば、競合他社を抑えて確実な売上げを確保できる副業となる要因なのです。

まずは1軒、無理のないところから、着実に利益を生み出すコインランドリーを経営してみる。その中でオーナー経営者としての経験を積み重ね、新たな事業展開を考える。これが事業家としての出発点です。

おそらくはそのあと、さらにもう1店舗、開店したくなるかもしれません。あるいはコインランドリー事業と併設して、すでに確保した顧客相手の新たなビジネスが閃くかもしれません。

華々しくはないけれども、確実にビジネスの足場を築くことができるのがコインランドリー経営です。あなたの事業を、副業としてのコインランドリーから始めることの優位性がお分かりになると思います。

3 ▼まだまだ伸びるコインランドリー

先行者に有利なビジネスの代表がコインランドリー

いったん開業してしまえば、そのエリアへ、競合する同業他社が新規参入してくる可能性が少ないのがコインランドリーの特徴です。

コインランドリーは良くも悪くもニッチ産業です。このあとも幾度も説明を繰り返しますが、競合する同業他社と競い合うことも少なく、大資本の参入に戦々恐々となることもありません。

その理由の一つは、コインランドリーに洗濯物を持ち込むわけですから、いくら自家用車を使うからといっても、自宅から遠く離れたところにある店舗は敬遠されるということです。

おのずから、限られたエリアの中での独占化、寡占化を図ることになります。これが、競合する同業他社を自然に排除できる理由です。

この利点を生かせば、先手必勝、その地域でコインランドリー事業を先に始めた者（先行者）の利益となります。

しかも今現在、コインランドリーの利用者は、まだまだ全家庭の2％程度です。46ページの表で示したように、昨今ではコインランドリーが急増しているのに、それでもまだ利用率2％程度でしかないのです。

これは、わざわざ商圏（顧客の住む対象エリア）を広げなくとも、今確保しているエリアの中で顧客の掘り起こしを行えば、自然と売上げが伸びることを示しています。

①営業地域を広げなくとも、身近なところに売上げ拡大の可能性が転がっている。
②先行者利益で、一足先に開店すれば、競合する同業他社の参入を防げる。
③手間ヒマがかからず、常駐者もいらないので、副業でもできる。

④息長く続けられ、長期にわたって流行り廃りに影響されない。

あとで詳しく述べますが、立地条件の選定さえ間違わず、ニーズに合った容量や機能の業務用洗濯機や業務用乾燥機を設置しさえすれば、これほどまで有利な条件で始められるビジネスはそうそうありません。

このような、副業に不可欠な無理のないビジネスとしての性格を持つがゆえに、コインランドリー事業は、安定した収益源となる果てしない可能性を秘めているのです。

そのコインランドリーの、ニッチ産業だからこその副業としてのもう一つの利点が、息の長いビジネスだということです。

ビジネスの息の長さに、副業としての収益構造と利点がある

コインランドリーは、共働き家庭の主婦や忙しく飛び回るキャリアママにとって、限られた時間を有効に使うために、必要不可欠なお店となりました。

ところで多くのビジネスには、流行り廃りがあります。今日は必要だからといって、

明日もまたその需要が続くとは限りません。ただでさえ、顧客は浮気性なのです。

副業を考え、起業しようと考えた場合、求めるものは目先の短期的な利益だけでなく、長期にわたる着実な収入源の確保です。当然、その前提となるのが、将来にわたって使い続けてくれる顧客の存在です。

このように考えたとき、コインランドリービジネスの将来性をどのように考えるかという課題が浮かび上がってきます。

この点については、私は断言できます。コインランドリーは、業務用洗濯・乾燥機器の優位性という、家庭用の白物家電メーカーには越えられない、高くて大きな壁を備えているのです。

業務用洗濯・乾燥機器ほどの容量や機能、性能を備えた家庭用洗濯機が登場する可能性が限りなくゼロに近い理由は、先にご紹介した通りです。

家庭用の洗濯機や乾燥機では、この先も得ることのできない業務用洗濯機と乾燥機の優位性が、一度使えば離れなくなる客層の確保に繋がります。

さらにまた、これからもますます忙しくなり続ける家庭の主婦やキャリアママの存在もあり、コインランドリーは今以上に、これからの時代に求められるビジネスとなるでしょう。

そして、長期にわたって利用していただくお客さんを満足させ、コインランドリーオーナーに利益をもたらすのが、業務用洗濯機と乾燥機の耐久性です。一度設置すれば、少なくとも20~30年、メンテナンス次第では40年以上も働き続けてくれるのです。20~30年とは、約1万日です。約1000万円で導入した業務用の洗濯機や乾燥機ならば、日割りに置き換えてみると、毎日わずか1000円で、数万円をコンスタントに稼ぎ出してくれる計算になります。

コインランドリー事業の利点とは、将来にわたって続く顧客層の存在(ニーズ)と、利益を生み出す設備機器類の耐久性にあるといっても過言ではないでしょう。

稼働率（回転率）を上げさえすれば、利益が増える

主な利用者が単身者から、パート仕事に余念のない共働きの主婦やキャリアママになった顧客層の変化、増え続けるコインランドリーの店舗数の背景については、すでにご理解いただけたと思います。

地方都市の共働き主婦から、コインランドリーの利用が拡大したことも書きました。徐々に都心部へと広がりつつありますが、未だに成長途上です。

その上で、さらに注目していただきたいのが、まだまだ残されているコインランドリーの「のびしろ」です。一度使えばその便利さに驚いて顧客になるのに、利用者は未だに対象地域の家庭の2％程度です。そしてコインランドリーの設備機器の稼動率は、10％程度です。わずかに10％の稼働率に過ぎないのに採算が取れて、まだまだ90％もの余力を残しています。

そして対象地域内には、まだ98％もの潜在顧客が残っているのです。新規出店の可

能性とエリア内の利用者拡大の可能性の両方が未開の大地のごとく広がり、売上げ拡大のための余力も十分すぎるぐらいあるのです。

エリアマーケティングがコインランドリーの基本であり、顧客にとっても身近さこそが魅力となります。最初にできたお店が一番有利なのが、コインランドリーです。

新規出店によって足場を築いたあとは、顧客の掘り起こしで「地域一番店」として基盤を固めることができます。さらに利用率、回転率を上げれば、コインランドリーならではの高い収益率となります。

そもそもコインランドリーは、原材料費がほとんどかからないので、粗利（利益率が高いのです。コインランドリーの仕入れといえば、水道光熱費を除けば、月に5000円〜1万円程度の洗剤を買うことぐらいです。ほとんどのコインランドリーが使う業務用洗濯機は、洗剤が自動的に流し込まれる方式を採用していますので、洗剤の費用はコインランドリーのオーナー負担なのです。

電気・ガス・水道の料金も、決算上は一般管理費になるのですが、仕入れ代金と同じようなものだと考えたとしても、洗剤代と合わせても売上げの25％にしかなりません。入金の7割以上が粗利益として残る計算です。

さらに、それほど原価率が低いのに、まだまだ稼働率も低く、98％程度もの潜在顧客が眠っているのです。余力は十分すぎるぐらい残っているのですから、稼働率さえ上がれば、利益が増えるのも当たり前の話です。

驚くほど廃業率の低いコインランドリー

せっかく始めたビジネスを廃業する理由の多くは、日々の収支バランスが取れず、経費倒れになっていることにあります。一生懸命頑張っても、持ち出しが増え続け、借金が膨らむようでは事業を継続する意味がありません。

その点では、初期の業務用洗濯機や乾燥機などの設備投資を除くと、極端に日常経費のかからないビジネスがコインランドリー事業です。コインランドリーは粗利（利益）率が高いと紹介しましたが、その理由は簡単です。

①常駐スタッフが必要ないので、人件費（固定費）がほとんどかからない。
②洗剤はもちろん、電気代やガス代も売上げに応じてかかるので、客が減れば経費も減る。
③そもそも原価率が低く、せいぜい洗剤程度の負担で、1店舗の1か月分でも1万円もかからない。
④雨が降れば儲かり、不況になれば客が増える。

最初の数年間は、売上げ金のほとんどを洗濯機器の購入や設置など初期の設備投資借入金の返済に充当する方もいます。それでもコンスタントな売上げ収入で、数年も経てば、初期の設備投資資金も回収できます。

気がつけば、初期投資の大半を占めた業務用洗濯機や乾燥機の減価償却も終わり、あとは打ち出の小槌のように利益を生み出す設備とシステムだけが残ります。これならば誰も、わざわざ廃業する意味がありません。これが、コインランドリーの廃業率が極端に低い要因です。

逆にもし途中で店仕舞いをしたら、せっかく金の卵を産むニワトリを育ててきたのに、金の卵を産む前に、鶏肉として食べてしまうようなものです。

コインランドリー事業を手がける上で、留意点があるとするならば、途中で投げ出さないことです。時間の経過とともに着実に利益が蓄積されていく事業だと理解してください。

実際のところコインランドリーの廃業理由を調べてみると、長年にわたる人口流出によって街が寂れて売上げが減ったなどの理由もありますが、立地条件を生かした別の商売をやりたい、など新規事業への挑戦に伴う場合がほとんどです。

副業としては最適でも、本業にして食っていくには物足りないのがコインランドリー事業ですから、本業として新たな商売に挑もうと考えているならば、それはそれでやむを得ないことでしょう。ただしその場合でも本当は、業務用洗濯機などの設備機器を、別の場所を借りて移動させればいいだけの話です。

もし、本業に専念するためコインランドリー事業をスッパリやめると決めたとしても、コインランドリーの中古機器が市場に出回るのを虎視眈々と狙っている人が山のようにいます。30年、40年と寿命の長い業務用の洗濯機や乾燥機ですから、そこそこの高い値段で売れることも間違いありません。

私の会社で取り扱ったコインランドリーの新規オープン214店舗のうち、これまでに閉店したのは、わずか12店舗（それも契約期間切れなど、やむを得ない店舗の立ち退き）だけでした。やはり、やめなければならない理由が、なかなか見つからないという不思議な業界なのです。

コインランドリービジネスで行き詰まって夜逃げしたなどという話も、聞いたことがありません。

4 ▼コインランドリー投資、7つの魅力

コインランドリー事業の利点を整理してみると

特に副業としての事業を考える場合、専業として常時集中できないことによる課題をクリアする必要が出てきます。日常的な管理が煩わしくないこと、機械のトラブルなどの突発事故にも対応できること、時間的な制約がないことなどが求められます。それらの点も踏まえて、改めてコインランドリー事業の特徴を整理してみると、次のような利点が浮かび上がってきます。

①人件費（固定費）がかからない。労務管理の煩わしさもない。
②概要を理解するだけで、特別の知識を必要としない。

③原価率が低く、粗利（利益）率が高い。
④まだまだ利用率も低く、成長の余地が残っている。
⑤流行り廃りがなく、安定した事業である。
⑥ニッチ産業でもあり、先行すれば同業他社の参入を防げる。
⑦機械の寿命が長く、初期投資をクリアすれば安定収益源が確保できる。

①人件費がかからない

常駐者を必要としないのがコインビジネスの特徴です。もちろんコインランドリーの場合にも、掃除や売上げ金の集金など、小まめなフォローも必要ですが、パート雇用で、その人の都合のいい時間に回ってもらうだけで十分です。パートに地元の主婦を雇用すると、その人から口コミでコインランドリーの便利さが伝わり、一石二鳥です。

②特別の知識を必要としない

最低限の知識で、最大限に効率を上げられるのがコインランドリー事業です。人材育成や専門技術の習得などの煩わしさもありません。コインランドリー事業では、「属人性」というのですが、その人でなければできないなどという仕事はなく、日常的な業務は集金と掃除だけなので、誰にでも依頼することができます。

③粗利（利益）率が高い

機械の償却とテナント料を除けば、経費といえるのは洗剤程度の消耗品と水道光熱費ぐらいです。クリーニングの取次店の粗利が売上げの2～3割程度しかないのに比べ、コインランドリーの粗利は売上げの7～8割です。原価率が低い上に、客が少ない場合でも、連動して経費も減るので、収益率が安定しています。

④成長産業である

コインランドリーが、まだまだ2％程度の利用率しかない、のびしろの多い業種であることは、すでにご理解いただけたと思います。さらに、先に着手した者が有利になるという特性から手堅いエリア（商圏）を確保できる事業であり、地域を見据えた広告など、アイデア次第でいくらでも常連客を増やせる可能性を秘めています。

⑤流行り廃りがない

一番手堅いビジネスは、日常生活の中でなくてはならないものを提供することです。すでに多くの主婦層やキャリアママにとって必要不可欠となっているコインランドリーには、特段の流行りもなければ、廃りもありません。日々淡々と稼ぎ続けてくれる設備とシステムが、コインランドリーなのです。

⑥競争相手が少ない

先行者利益を生み出すのがコインランドリーの利点だといい続けてきました。ニッチ産業であり、先行すれば同業他社は怖くないという強みを持っています。ただしその場合でも、特に立地条件については慎重になるべきです。どんと腰を据えて、長期にわたる収益を得るためには、地の利を確保することが欠かせません。それさえできれば、競合相手の心配は無用です。

⑦機械は最低でも20～30年は使える

今まで私は日本のみならず、世界中のコインランドリーの現地視察を繰り返してきました。特に海外へ行って驚かされるのは、40年も前の機械が、まだ現役で使われていることです。少々のメンテナンスは必要でしょうが、機械の老朽化を心配する前に、建物の老朽化を心配しなければならないぐらいです。それほどまでに業務用洗濯機や乾燥機は完成の域に達していて、末永く利益を生み出してくれるのです。

第4章

フランチャイズ加盟が成功への近道

1 ▼ 店舗設営の経験は本部にかなわない

どんなビジネスにも、商売のコツがある

「自己所有の物件があるから、そこに業務用の洗濯機と乾燥機を置けばいいだけでしょ?」

技術も、特別な技能も必要なく、誰でもできるのがコインランドリーだと書き綴ってきました。そのため、「だったら、コインランドリーのフランチャイズ本部なんかに相談しなくてもいいよね」と思われたかもしれません。

でも、ちょっと待ってください。確かに、日常的な運営では、営業トークも特殊技能も必要ありません。それでも、どんなビジネスでも商売のコツというものがあります。

結論からいうと、コインランドリー成功の秘訣は、立地条件と的確な設備の選定とその配置にあります。長期にわたり、コツコツと利益を積み重ねるコインランドリーだからこそ、立地選定のちょっとした甘さが客足を遠のかせ、業務用洗濯機や乾燥機の容量などの機種選定の読み違えや配置上のミスが、売上げに直結してきます。

20~30年は利益を生み出す機械です。1日の売上げで1000円違えば、1年で36万5000円の違いになります。10年経てば365万円の違いです。30年経てば1000万円以上の違いです。実際には、この数倍、想像を絶するぐらいの遥かに大きな収益の差をもたらします。

どの場所に、どのような機器を入れ、どのような配置で、どのように料金設定をして、どのようなシステムで運営するか? そのほとんどが、事業計画の当初の段階から押さえておくべき課題です。「ともかくやればいいんだろ」「やれば儲かるんでしょ」「勉強しなくてもできるっていったじゃん」なんて甘いものではありません。

事業計画を練るためには、それなりの知識と経験が必要なのですが、初めてコインランドリー事業に取り組む人に、そのような経験や知識があるわけがありません。自らに経験や知識の蓄積がなければ……そうです、借りてくればいいだけです。

経験不足は、フランチャイズの知識と経験で補う

別に、私の経営するフランチャイズに加盟しなければ駄目ですよ、などとは申しません。コインランドリーに関係するフランチャイズだけでも無数にあります。次々と訪ねていったり、資料請求してみてもいいでしょう。より多くの話を聞けば、納得することもあれば、疑問に思うこと、眉唾《まゆつば》だなと警戒することも出てくるでしょう。

それでいいのです。大切な虎の子の資金を使った起業であり、設備投資です。いかに的確に、無駄なく、効率よく、確実に利益を生み出す形態にするか？ 最初のボタンのかけ違いが、大きな負担になって返ってくることもあるのです。慎重に慎重を重ね、石橋を叩いて渡らなければ、ひとときの夢に終わってしまいます。

その最初のボタンのかけ違いが、どのフランチャイズを選ぶかにある場合が多いの

です。より多くのフランチャイズ本部の話を聞いて、ここなら任せられる、ここなら間違いなさそうだというフランチャイズを選んでください。

いくつものコインランドリー開業を支援してきたフランチャイズの本部には、多くの経験が蓄積されています。結局のところフランチャイズ加盟とは、経験値を習得するための時間と実務のノウハウを買うことです。先行するコインランドリー経営者の経験から学び、より収益を上げられるコインランドリーのあり方を知ることができます。

その第一歩でもあり、コインランドリーだからこそ特に必要な成功のための秘訣、すなわち有利な立地条件と的確な機種の選定と配置を、フランチャイズが持つ知識と経験によって獲得することが欠かせません。

フランチャイズ加盟が、開業資金借入れを円滑にする

開業資金についてはのちほど詳しく述べますが、機械の購入や配置工事などで、1

店舗当たり約2000万円はかかります。2016年現在の一般的な相場ですが、長期にわたる採算効率を考えれば、その程度の初期投資の設備規模は必要です。

「えーっ！　そんなに？　そんな金ないよ」と、思われるかもしれません。確かに自己資金として2000万円をポンと投げ出す人はいないでしょう。事実、コインランドリーを始められる方のほとんどが公的資金の借入れを行っています。

一方で、「2000万円程度なら、借入れなくても大丈夫だよ。借金なんてしたくない」とおっしゃる方もいるでしょう。でも、それもまた一考を要します。節税のためには、借金した方がいい場合もあるのです。

まして今は「ゼロ金利」の時代です。金融機関はどこも、必死で貸出先を探している状況です。ある程度の自己資金は必要ですが、金利が低くて、なおかつ保証人のいらない公的機関からの借入れなどを有効に使うべきです。

たとえば初期投資を大雑把に2000万円として考えたとします。そのうち1000万円は自己資金なり親戚からの借入れで作り、残りの1000万円を7年間の分割返済で金融機関から借りた場合、月々の返済額は13万~14万円です。
サラリーマンとしての給料、あるいは本業の方の仕事での収入もあり、新規事業のコインランドリーでは、それほど大きな売上げ金は見込めないにしても、着実に日銭が入ってきます。月々の返済に支障をきたすような危険性はほとんどありません。

このような場合、融資に当たって金融機関が見るのが、オーナーのやる気と計画の確実性です。ごく一般的には、その事業についての実績と経験が問われます。ところが、初めてコインランドリーの店を開設しようというオーナーには当然、誇るべき経験も実績もありません。

事業計画の確実性を説明する上で、フランチャイズ本部の過去の実績や経験に基づく売上げシミュレーションが大切になってきます。新規参入に伴う実績と経験のなさを補完するのもフランチャイズなのです。

副業として始めることによる、会社勤めならば本来の給与収入があるという強み、フランチャイズ加盟による計画の確実性と実績の存在、さらにはコインランドリービジネスの堅実性などが相まって、より有利な融資を受けることができます。

売上げアップの方策も、フランチャイズに蓄積されている

成功も失敗も、数多く積み重ねるほど、知識となり経験となります。それぞれのフランチャイズ本部は、その店舗数と歴史に比例して、知識と経験の厚みを増していきます。

その中でも一番大切なのが、事業計画を立てるときの立地条件や設備の選定や配置であることは、先に紹介した通りです。

さらにその上に、営業開始後の、集客拡大のためのノウハウ、経費削減のためのノウハウ、機械の維持管理やメンテナンスのためのノウハウなどが必要になってきます。でもご安心ください。これらのノウハウと実際のフォローのための体制が、それぞれのフランチャイズ本部に備わっているはずです。

中には、業務用洗濯機や乾燥機など、設備の売込みだけが目的のフランチャイズも

あるようです。店舗面積の拡大にのみ熱心で、必要以上の機械設備を買わせる業者の噂も漏れ聞こえてきます。そのような業者は、新規開業までは熱心でも、開店後は寄り付きもしません。あとは個別のオーナーの責任とばかりに投げ出してしまいます。

これはコインランドリーの特徴ですが、一定程度の最適な広さとそれなりの機械設備は必要であるものの、やみくもに店舗面積を広げて規模を大きくしても、売上げは伸びません。だだっ広くて、使われていない洗濯機や乾燥機がずらりと並んだ無機質なコインランドリーに誰が行くでしょうか？　規模に合った人の出入りがあって活気を感じてこそ、入りやすくなるのがコインランドリーです。開業前の設備の売込みばかりに力を入れるフランチャイズ本部には、注意してください。

さらに20年、30年と寿命の長い業務用洗濯機や乾燥機で、長い年月にわたって着実に収益を上げ続けるのがコインランドリーです。

最初は蓄積されたフランチャイズの経験を提供してもらい、利用することから始まるにしても、設備機器の寿命と同じように、20年、30年と長い年月を共に歩み続けるビジネスパートナーとしての関係ができあがっていきます。

新規参入のコインランドリーのオーナーさんは、最初は新人ともいえる立場ですが、すぐにもビジネスパートナーとして、共に経験し、協力し合う関係になります。

そのような将来のビジネスパートナーのために、フランチャイズ本部がコインランドリー経営のためのありとあらゆるノウハウを提供するのは、当然すぎるくらい当然なことです。


さらにまた、小なりといえどビジネスに変わりはありません。減価償却等の処理や節税、会計事務の処理など、それぞれのビジネスごとの特徴や処理の仕方がありますから、コインランドリー経営ならば、コインランドリーのフランチャイズに相談することが得策です。

2 ▼副業だからこそ、必要となるフランチャイズ加盟

コールセンターが、副業としてのコインランドリーには欠かせない

私の会社では、コインランドリーを始められたオーナーさんたちをビジネスパートナーだと考えると同時に、副業としてやっているのだということを強く認識するようにしています。

真夜中のクレーム電話など、専業ではないので、24時間対応ができなくて当然です。技術者でもないので、機械の故障やメンテナンスにも対応できなくて当たり前です。それをフォローするのもフランチャイズを運営する事業主としての仕事だと思っています。

たとえば緊急時の連絡先に、オーナーの自宅の電話や携帯電話の番号を表示しているコインランドリーを見かけます。ところが電話をしても、そのほとんどがつながりません。

そうなるのも当然です。

お客さんからクレーム電話が入るのです。それもお客さんの勘違いや誤操作によるものがほとんどです。

さらにまた、そのような電話に限って真夜中にかかってきます。最初は丁寧に対応していたオーナーさんも、ひと月もすれば電話に出なくなり、やがては留守番電話になってしまいます。

真夜中にクレーム電話を入れるお客さんの特徴ですが、折り返しの電話を受けるまでに、せいぜい10分かかっていなくても不機嫌になります。電話＝即対応が欠かせないのです。

一方で昼間にかかってくる電話のほとんどが、何らかの売込み、セールスです。洗剤の売込みから、「コインランドリーの広告を出しませんか？」という生活情報誌のセールスまで、ひっきりなしにかかってきます。

いかにも、「どうぞ電話をしてください」といわんばかりに電話番号が表示してあるのですから、かかってきて当然です。たかが電話といえど、副業としてコインランドリーを経営する場合、悩ましいけれど避けては通れない現実です。

私たちの『マンマチャオ』では、24時間対応のコールセンターを設けています。さらに返金が必要な場合などに備えて、遠隔操作で返金できるシステムも開発しました。副業として手がける人の多いコインランドリーだからこそ、オーナーさんの手の届かないところのフォローが、私たちの仕事だと考えています。

副業として以外にも、他に事業をやっていて、兼業としてコインランドリーを手がける経営者の方もいるでしょう。その人たちにとって大切なのは、よりリスクを軽減し、より手間ヒマを軽減することではないでしょうか。そのためには、痒いところに手が届くような、コインランドリーオーナーをフォローする体制があるのかどうかが、フランチャイズの必要条件になってきます。

自己流は、羅針盤なき彷徨える小舟

廃業率が低く、リスクの少ないコインランドリーですが、少ないとはいえ店仕舞い、廃業を考えるオーナーさんもいます。

それぞれさまざまな理由があるのですが、一番多いのが自分の所有物件だからと、立地条件も考えずに無理な開業をした場合です。開業当初から採算が取れず、やがて投げ出してしまいます。

また、悪質な業者に引っかかって、必要以上の設備投資をして、採算が取れなくなる場合もあります。規模を大きくするために膨大な借入れを行い、金利やテナント料の支払いに行き詰まるケースです。

さらに前述したように、真夜中までクレーム電話がかかってきて、それほど大きな利益も上げられないのに、こんなことをやってられないと投げ出す場合などもあります。

いくら手間ヒマのかからないコインランドリーといえど、副業ですから、一人ですべてを処理することなどできるわけがありません。必要に応じて外注化（アウトソーシング）できるところは、少々の経費を払ってもすべきです。

その例として、コインランドリーの掃除があります。清潔感が命のコインランドリーです。少なくとも1日一度、できれば毎日2~3回は掃除した方がいいのですが、「経費も惜しいし、その程度なら人に頼まなくても自分でやるよ」というオーナーさんがいます。

ところが自分のお店だからこそ、「今日は天気も悪いし、体調もイマイチだから、1日ぐらい休むかな」「寒いし、風も強いから、お客さんも少ないだろう。掃除は明日でいいだろう」と、サボることが多くなります。

自分の店だからという甘えも重なって、気がつけばほこりだらけ、ガラス戸さえも薄汚くなって、客足が遠のくという例が多いのです。これがパートさんだと、仕事ですから、休みません。

オーナーとして何をやるべきかの優先順位を明確にして、外注化すべきものは外注化し、雇用すべきパートさんは仕事内容を明確にして雇用する。これこそがオーナーの選ぶべき道です。起業指導だけでなく、このような起業後の運営指導もまたフランチャイズ本部の役割です。

だからこそ、フランチャイズ加盟店を徹底的に見てみよう

さらに、このことはあとにも触れますが、経費節減のために照明を減らし、冷暖房を最低限にするオーナーさんがいます。そこで節約できる経費は微々たるものなのに、やがてはお客さんの足が遠のき、削減経費の何十倍もの利益を逃しているという状態を目にします。

失敗例、成功例として積み重なったフランチャイズの幾多の経験が欠かせないのも、コインビジネスとしてのコインランドリーの特徴です。

ご紹介したように、機械設備の売込みばかりに熱心で、安易に規模の拡大を勧める業者は要注意です。特にコインランドリーの場合、立地条件が最重要課題です。まずは、立地条件を軽く見るフランチャイズ業者は、選択肢から外すべきです。

私たちの会社に寄せられる相談の中でも、個人の所有物件に建てたいと考えている場合、「やめた方がいいですよ」と断念していただく例が全体の7割以上です。「自分の所有物件は人に貸してでも、コインランドリーに最適だと思う場所を借りなさい」とお勧めすることが多いのです。

フランチャイズ本部の役割は、最適な立地条件の選定、的確な設備機械の構成と配置の指導、事業計画と売上げ予測シミュレーション、創業資金借入れなどのアドバイス、そして起業後のフォローです。ときには加盟店のアウトソーシングの受け皿事業を、フランチャイズ本部が率先して手がけることもあります。

さらに息の長いコインランドリー事業ですから、フランチャイズを選ぶ際には、開店前の重要事項と併せて、開店後のフランチャイズ本部のフォロー体制が整っているかどうかも見る必要があります。

そのようなことをどこまで丁寧にやっているかは、すでに起業して、フランチャイズに加盟している店舗を見て回れば分かります。フランチャイズ加盟前に、既存加盟店舗のオーナーさんたちに聞いて回るのが一番の近道です。

第5章

開業前に知っておきたいこと

1▼ 一にも二にも、立地条件

自己所有物件が有利とは限らない

コインランドリー1店舗当たりの月々の売上げは、だいたい60万円ぐらい、諸条件に恵まれていても100万円ぐらいだと思います。洗剤などの原価が安いので、粗利はその8割程度、50万円から多くても80万円という数字です。

この売上げ金、もし月々の賃貸料が20万円だとしたら、差し引き30万~60万円の利益となります。月20万円の家賃が売上げに占める比率は非常に高く、年間にすると240万円、機械の寿命を30年とすると、計7200万円という膨大な金額になります。

「だったら、やっぱり自己所有の物件で開業する方がいいね」と思われるでしょうが、私のところにコインランドリー開業のご相談に見える地主さんで、「ここなら問題ないでしょう」とお返事できる件数は、せいぜい2割程度に留まっています。

すでに経営しているコンビニエンスストアやスーパーマーケット、ドライクリーニングの取次店への併設など、既存事業とのコラボによる相乗効果を期待できる例を除けば、空き店舗を所有している方でも、お勧めできない場合の方が多いのです。

やはり、一にも二にも立地条件です。さらに店舗の広さ、駐車場からの距離などの課題もあります。自己所有物件の利用により月々十数万円のテナント料をケチっても、そのために売上げが減少するようでは採算が取れません。最初に2000万円程度の機械設備と設置費用をかけるのですから、費用対効果を考えて、まずは立地条件を優先すべきです。

場合によっては自己所有の物件は人に貸して、自分は別のところを借りるぐらいの決断が必要になります。

妥協せずに、最適な立地を追い求める

着実に稼げるし、雨の日にはコインが空から降ってくるぐらい儲かるけれど、宝くじのような大当たりは期待しない方がいい。これがコインランドリー事業です。一攫千金にはほど遠い、長期にわたり堅実に稼ぎ続けるビジネスともいえます。だからこそ、確実に売上げ増が見込める要素を強めて、不安要素を取り除く必要があります。

重要なのは、一にも二にも立地条件だといいました。よりベターな場所を求めることも大切ですが、ベターよりもベスト（最高、最適）を追いかけるべきです。

まずは、コインランドリーにはコインランドリーなりの、最適な立地条件というものがあります。

コインランドリーの利用者の大半は、そこから半径2㎞以内に住む人と思えばいいでしょう。しかしわずか半径2㎞以内といえど、細かく説明すれば1冊の本の中ではとうてい書き切れないぐらいのさまざまな要素があり、その最適要素を見極める経験

の積み重ねが、私の会社のようなフランチャイズ運営会社の財産にもなっています。
その中で、主なコインランドリーの最適用地の条件を挙げると以下のようになります。

①駅の近くよりも住宅地の近く。
②都心よりも郊外。
③4人以上の家族が多い地域。
④生鮮食料品を扱うスーパーが近い。
⑤クルマを停めやすく、20歩以内で入店できる。
⑥生活道路に沿ったところ。
⑦通りからお店が見える。

これだけ見れば、「なーんだ、当たり前じゃないの」と思われるかもしれません。
なぜこれが大切なのかについてもいろいろあるのですが、そのことはさておき、さらに掘り下げる必要があります。

「スーパーの近く」を、さらに考察すると

まずはイオンモールなどの総合スーパーよりも、同じイオングループでも、マックスバリュのような生鮮食料品中心のスーパーの近くの方がいいという点です。

衣類などを扱う店も多く入った総合スーパーは、たまの休日、家族で買い物に行く例が多いのです。家族そろってのお出かけのときに、洗濯物をドッサリとクルマに積み込んで、買い物ついでにコインランドリーに寄るでしょうか？　総合スーパーよりも、毎日のように生鮮食料品を買い求めるスーパーの近くの方がコインランドリーに向いているのは当然です。

さらに、生活道路に面していて、お客さんにとってはスーパーに向かって道路の左側にあることが最適条件となってきます。

クルマは左側通行です。道路の左側に店があれば、スーパーへ行く途中に寄ること

ができます。コインランドリーに寄って、洗濯している間に買い物をすませる。これが大半の主婦の行動パターンです。スーパーからの帰りに、冷凍食品や傷みやすい生鮮食料品を積んだままコインランドリーに立ち寄るわけがありません。

このように、同じような生鮮食料品を扱うスーパーの近くといっても、人やクルマの流れを読むことによって、いくつものクリアすべき課題が生まれてきます。最適地を見つけたら、幾度も時間帯や曜日を変えて、人やクルマの量と流れを調べるなど、現地調査を積み重ねてから判断すべきです。

2▼最適地の選定と地代交渉がすべて

最適な立地条件を考える

考えてみれば当然ですが、通勤途中にコインランドリーに寄るような主婦はいないでしょう。一抱えもあるような洗濯物を、コインランドリーに持ち込み、きれいに洗い上げて乾燥させた衣類を再び持ち帰らなければならないのですから。

駅に近い繁華街は、人通りが多く、クルマの乗り入れも困難なので、適していません。さらにいえば、コインランドリーは普段着のまま、極端にいうならばジャージのままでも行けるような場所にあってほしいのです。

意外にも、他の商売なら一等地といえるところでも、コインランドリーには不向きな場所も多いのです。

ですから、都心よりも郊外、繁華街より住宅地、大都会よりも地方都市というのもご理解いただけると思います。すでにご紹介したように、コインランドリーの爆発的な普及は、地方都市から始まりました。地方都市の方が共働きの主婦が多く、さらに自分用の軽自動車が日常的な足代わりになっているので、コインランドリーが身近な存在になったのです。

コインランドリーの最適地を選定するための要素の一つが、クルマを足代わりにする主婦かもしれません。そのような主婦相手の店で参考になるのが、ベビー用品専門の『西松屋』や『アカチャンホンポ』です。

これらのベビー用品店では、新規出店に際しては、わざとクルマの多い幹線道路を避けています。生活道路ではあるけれどクルマの通行量が多すぎず、見晴らしのいい道路に接していて、クルマが入出庫しやすい場所を徹底的に選んでいます。

また数十メートル手前からでも、お店の場所と駐車場の位置が確認できるように看板を設置しています。駐車場の入り口の場所が分かりづらいと、クルマに不慣れな主婦には想像以上に入りづらいのです。

このようなベビー用品の大型店に比べれば、猫の額ほどの広さがあればコインランドリーは開業できるのですから、とことん最適地を探し求めることをお勧めします。その上で、次にはベストの物件をいかに安く借りるかという課題に取り組みます。

中途半端な妥協は命取りになる

コインランドリービジネスの利点である先行者利益を生かすも殺すも、立地の選定にかかっています。先に開店した方が有利ではあるものの、遥かに好立地のところに新しい店ができれば、客足が遠のいて当然です。

長期にわたり利用される、地元にドッカリと根付いたコインランドリーにするためには、誰にも新規参入しようなどと考えさせないような場所を押さえておくことが必要です。

さらに家賃、地代の問題があります。市街地の中心部などに作る必要がないので、比較的安価な場所を選ぶことができるでしょう。それでも月々コンスタントに出ていくテナント料ですから、ここでも、20年、30年と事業を続けることを前提に考えてください。

毎月1万円の違いは、1年で12万円の違いです。10年経てば120万円の違いとなり、20年で240万円、30年で360万円の違いとなります。もしテナント料を3万円安くしてもらえたら、30年で1000万円を超える収益の差が生まれます。

ビジネスにとって、固定経費の多さはリスクそのものです。売上げの多寡にかかわらず出ていく経費ですから、事業継続の成否を分ける要因にもなりかねません。場所の選定と同様に、主要な固定経費となるテナント料は、慎重の上にも慎重を重ね、粘り強く交渉してください。

中途半端な妥協は命取りにもなりかねません。テナント料交渉が難しいと思ったら、場合によっては潔く撤退して、新たな最適地を探すぐらいの心構えが必要です。

3 ▼設置機器の選別と配置が明暗を分ける

機器のラインナップと構成比率を考える

どのような洗濯機をどれだけ置くか？　業務用洗濯機にも容量ごとに、10kgクラスの小型機から20kgを超える大型の27kg、36kgまでさまざまあります。一番稼働率が高いのは15~18kgの中型機ですが、稼働率が高いからといって中型機だけを置いても、お客さんは納得しません。

中途半端な大きさの洗濯機しか置いていないコインランドリーとしてイメージされ、結果的に客足が遠のくのです。スーパーなどの品ぞろえと同じです。スーパーでは、需要の多いものの品ぞろえは厚くするにしても、高いものから安いものまでバランスよく陳列して、お客さんが自分に最適なものを選んだと納得してもらう努力を怠りません。

コインランドリーも、小型機から大型機まで、バランスの取れた配置が必要です。乾燥機についても同じことがいえます。乾燥機は中と大の2種類ですが、両方をそろえておく必要があります。

実はコインランドリーの売上げの7割は、乾燥機による収益です。

コインランドリーの乾燥機を使えば、天候に振り回されることもありません。さらに、業務用乾燥機ならではのフワリとした仕上がりは、一度使えば病みつきになります。雨の日など、家庭用洗濯機を2回も3回も回して、45ℓも入るような大きなポリ袋に洗濯物を詰め込んで2つも3つもクルマに押し込み、乾燥機だけを使いにやってくるお客さんも結構います。日によっては、このようなお客さんが溢れて、売上げの8～9割が乾燥機によるものだったという例も多いのです。

だからといって、乾燥機に特化したコインランドリーを作ったとしたらどうでしょう？　確かに乾燥機だけなら給排水の工事も必要ないので、設備工事も安くできることでしょう。しかし、当然のことながら晴天の日に、わざわざ乾燥機だけを使いにくるでしょうか？　7割は乾燥機が生み出す収益だとしても、残りの3割の収益を放棄した段階で、ほとんどのお客さんを失ってしまいます。

やはり、容量ごとにバランスの取れた洗濯機を配置して、効率よく乾燥機を設置することが、集客の前提になります。

また、機械をバランスよく配置するための洗濯機の容量の選別や乾燥機の配置や台数などについても、その地域の客層を見極めて判断することが求められます。

洗濯と乾燥、一体型の機器には要注意

さらに洗濯と乾燥を1台でこなす優れモノの「一体型の洗濯乾燥機」があります。洗濯だけでも使えるし、乾燥機としてだけでも使えます。

洗濯機から乾燥機に移す手間ヒマもかかりませんから、洗濯機に放り込んで、ちょっとお買い物という主婦には便利な存在です。少々料金は高くても、買い物を終えて戻ってくれば、乾燥まで終わっているのです。

このように、お客さんにとっては便利な「一体型の洗濯乾燥機」ですが、それが必ずしも収益増に繋がるとは限りません。1台当たり270万円と高額な機械にもかかわらず、回転効率が良くないのです。洗濯から乾燥までの工程で使うお客さんだけでなく、洗濯のみでも、乾燥のみでも使えますが、わざわざ表示された説明書を読んで、個別の機能だけを使うお客さんはいません。洗濯のみならば洗濯機、乾燥だけならば乾燥機の方が分かりやすいのです。

高額な機械を売りつけたいと考えるようなフランチャイズの営業マンは一体型の機械を勧めますが、それこそ無駄な投資に終わってしまいます。洗濯機や乾燥機のラインナップとは別に、せいぜい2台も置いておけば十分です。

お客さんの目線と動きを想定した設備計画

「こんなところに、コインランドリーがあった」

チラシのポスティングなどで告知するにしても、通りがかりの人に気づいてもらうことが肝心です。その人の日常の行動圏内にコインランドリーがあると知ってもらうことから、すべては始まります。

さらに死角の多い、中に誰がいるか確認できないようなお店は、躊躇されてしまいます。表から、お店の内部全体が見渡せたり、どのようになっているか確認できるようならば、安心感を与えます。

クルマの停めやすさや、洗濯物の運び込みやすさが大切なのはもちろんですが、そのような入りやすさをいかに演出するかも店舗設計の重要な要素となります。

そして、チラリと見たときに好感を持ってもらえるかどうかです。大きく開放された明るい雰囲気のエントランス。整然と並び、使いやすそうな洗濯機と乾燥機。寛げる待機場所と洗濯物が畳みやすそうな広々とした作業台、などなど。

多くの主婦は、最初に見かけたときに、その空間が自分にふさわしい空間かどうかを判断します。主要なお客さんである女性にとって、そこが自分の居場所なのかどう

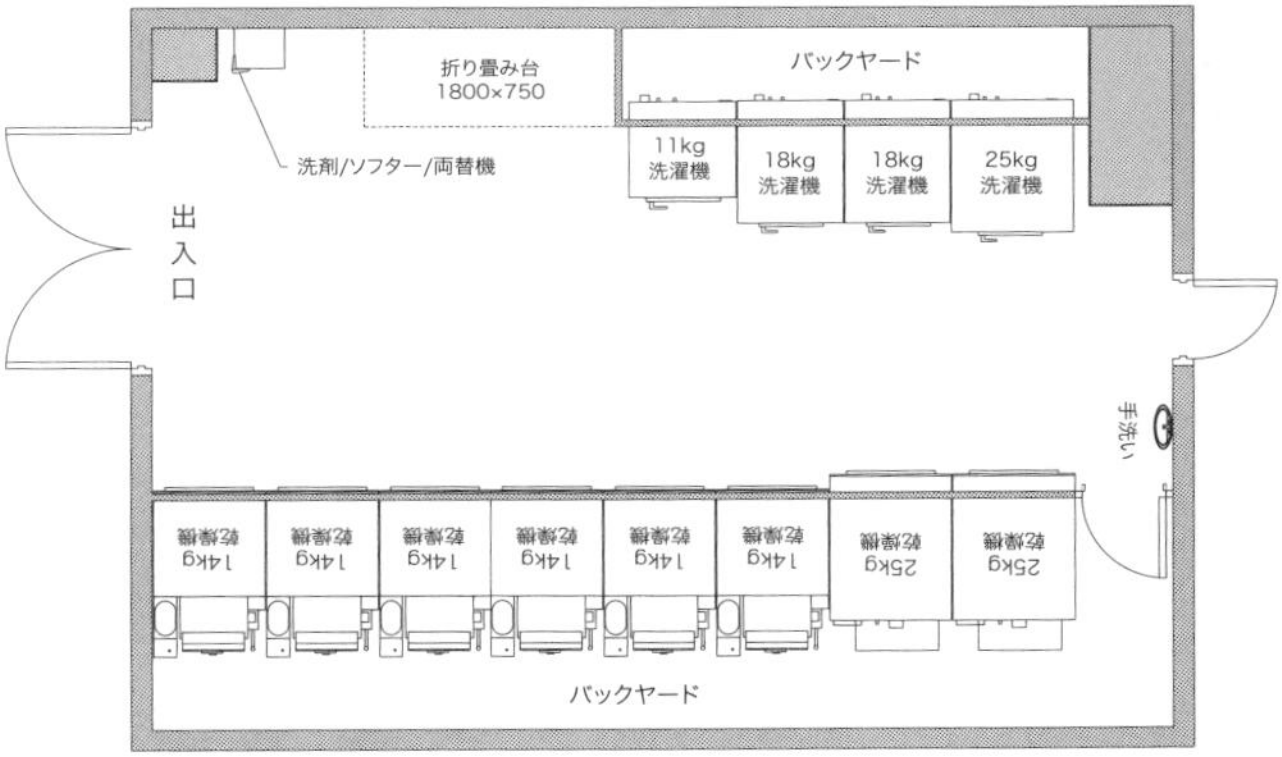

店内見取図（一例）
容量別に洗濯機・乾燥機が整然と並ぶ。裏のスペースはバックヤードとして活用

かの判断は、第一印象によるところが大きいのです。

歩道を歩いてきた女性が、ふと目を留める。

「ああ、コインランドリーができたんだ」
「中はどうなっているんだろう?」
「どんな洗濯機が入っているんだろう?」
「使い勝手はいいのかな?」
「えーっと、料金は?」

このような疑問に対して、一目で分かるような店舗設計が求められます。

なにしろコインランドリーは、無人です。

基本的には、機械だけでお客さんに対応するのです。こまごまとした説明が必要だったり、掲示板の説明文をじっくりと読まなければならないようなシステムでは、円滑な運用はできません。

お客さんは、看板・照明・冷暖房に吸い寄せられる

「ん？　ここ何のお店？」

オーナー経営者のセンスがうかがえるような、オシャレなディスプレイや看板、シックな店内、ゆったりとしたソファー……。いかにも気の利いたお店のようです。ところが、ところがです。これが多くのオーナー経営者の陥る失敗の始まりです。このような店舗作りは、オーナーの勝手な思い込みと自己都合と自己満足でしかありません。思い入れが思い込みとなり、思い込みが思い違いとなり、大きな勘違いとなっている例が多いのです。

経営すべきは、実用的なコインランドリーです。喫茶店やレストランでも、セレクトショップでもありません。清潔感は求められるものの、余計な装飾やお遊びには無

店舗外観（一例）
店名よりも目立つ、大きく分かりやすい「大型コインランドリー」の文字

縁の場所です。
　看板やエントランスをオシャレに作りすぎて、何のお店だか分からないようになってしまっている例も多く見かけます。

　一方で、経費削減を考えるあまり、照明は薄暗く、冷暖房は最低限に抑えるオーナーさんもいます。いくら実用性重視のコインランドリーといえど、忙しい主婦やキャリアママにとっては洗濯や乾燥中の待機時間は、のんびりと寛げる貴重な時間です。せめて心地よく冷暖房が効いたところで、静かに音楽が流れるひとときにしたいものです。

コインランドリーだと一目で分かる看板、明るく適度な照明の清潔な空間、ほっと一息つけるような最適な冷暖房、座り心地のいい椅子。無駄な経費は抑えつつも、照明や冷暖房や音楽など、かけるべきところには必要な経費を惜しまないことが大切です。それも、オーナーの勝手な都合と自己満足の産物に陥らない注意が欠かせません。

まずは小まめな掃除から始めてください。

4 ▼初期投資の目途の立て方、自己資金と開業資金借入れ

他人任せにしない売上げシミュレーションと経営計画

いくら日常のランニングコストが低く、リスクの少ないコインランドリーでも、商売に変わりはありません。副業とはいえ、コインランドリーを開設するということは、オーナー経営者としてビジネスの世界へ一歩踏み出すことです。

そして経営の基本は、継続的に利益を得られるシステムを作り上げることです。いい換えれば、先を読み、次の時代を待ち伏せすることです。

そのためには経営計画、売上げ予測に基づく資金繰り計画等を立てなければなりません。その場合、シミュレーションという言葉がよく使われますが、単なる予想をしておくというだけの話ではありません。考えられる限りのあらゆる条件を想定して、

事前に対応策を考えておくという意味です。

当然、フランチャイズの本部には、幾多の経験を経て、参考とすべき事例が蓄積されていると思います。このような経験に基づく助言を得ることも大切ですが、オーナー自ら進んで状況を分析して、予測を立てることが大切です。

経営者はあなた自身です。いざとなれば自ら最終判断をして、自己責任で処理せざるを得なくなります。店舗開設の場所の選定と、契約前にその立地条件で開業していいのかどうかを判断するのも自分自身です。

フランチャイズの本部によっては、開業させて機械を売り込むことだけが目的で、いい話ばかりを並べて決断を促そうとします。地主さんも、ともかく店舗を借りてほしいわけですから、営業開始後の立地条件のマイナス面については語ろうとしません。すべてが新規に開業するオーナー経営者の自己責任です。開業してからフランチャイズ本部の担当や不動産屋さんに文句をいっても、あとの祭りです。

コインランドリー成功のためには、一にも二にも立地条件が大切だといい続けてきました。

開業前に、十分すぎるほど十分に現地に足を運び、人の流れを読み、売上げ見込みを立てる必要があります。時間帯によって、あるいは曜日によって、さらには季節によって人出は変化します。ありとあらゆるケースを想定しながら経営計画を立てることが必要になってきます。

当初資金の算出と開業資金借入れのポイント

背水の陣といえばカッコいいのですが、ビジネスには余裕も必要です。まずは開業前の投下資金、コインランドリーに設置する洗濯機や乾燥機などの購入資金と設置のための工事費、開業のための用地確保に伴う費用や改造費の捻出があります。

昔の、学生や単身者を対象にしたようなコインランドリーならば、家庭用洗濯機を並べただけでも開設できたかもしれません。しかし今、脚光を浴びているのは主婦などを対象にした新しい形のコインランドリーです。最低でも機械設備に1000万円以上かけていないと見向きもされません。さらに水道、電気、ガス等の配管やダクトなどの工事費がかかります。

それなりの開業資金をかけることも、後発で参入してくる同業他社を遠ざけるという点では有利なのですが、その額は悩ましい問題です。

これだけの先行投資資金が必要であるにもかかわらず、コインランドリーが増え続けているのは、開業資金借入れが比較的容易だという事情もあります。それでなくとも昨今の日銀によるマイナス金利政策の影響で、金融機関は血眼になって借主を探しています。史上最低水準の低利なのです。

コツコツ貯め込んで、500万円程度の資金を作ったとします。本人がそこまで頑張って資金を作ったのですから、親兄弟も協力してくれるでしょう。銀行に預けていても微々たる金利しか付かないので、手堅い商売ならば協力しようという気にもなります。本人が準備した資金と同額程度協力してもらえば、これで1000万円の開業準備資金ができます。

さらに保証人も必要としない公的な金融機関では、基本的には自己資金と同額までの融資ならば可能です。ましてフランチャイズ加盟によって、成功事例に基づく事業計画を提示できますから、さらに融資の可能性が高まります。

もちろん本人の熱意こそが、金融機関を動かす一番の原動力なのですが、今現在の金融情勢やコインランドリー事業の将来性など、多くのチャンスに恵まれているのがこの業界の現状です。

だからこそ、起業時に最適な設備投資を行うことが、長い目で見ると必要になってきます。中途半端な費用削減をせず、費用対効果も十分検討してください。金融機関も将来性を重視しますから、必要な先行投資については十分相談に乗ってくれるはずです。

自分で用意した金額に加え、開業準備資金として公的金融機関から同額程度を低利で借入れれば、余裕を持ってコインランドリーが開設できます。

第6章
開業前にやっておくべきこと

1 ▼開店までの工程と、オーナーのやるべきこと

まずはフランチャイズを選ぶことから始めよう

開店までの工程を大雑把に紹介すると、次のようになります。

①立地条件調査（近隣の家の家族構成、人とクルマの流れの調査など）
②出店計画（売上げ見込み、資金計画、融資の申し込みと契約）
③店舗工事（日常的な工事の立会いも欠かせない）
④開店準備（ポスティング等での告知、オープニングセールの準備）
⑤開店

2店舗目、3店舗目のオープンならば、それぞれの過程での要領も分かるでしょうし、それほど複雑でもないので、悩むこともないと思います。必要事項を一つひとつ確実に押さえながら、着々と進めていけばいいだけです。

ただしそれも経験したからこそいえることで、初めての開店となると、何から手を付けていいのか混乱して、大切なことなのに見落としていたなどということが頻発します。

私は、新規にオーナーとなられる方の、このような経験不足をフォローすることが、フランチャイズ本部の最初の大切な仕事だと思っています。

なぜ、そのような当たり前のことを強調するのかというと、必ずしもオーナーさんの利益を最優先で考えているとはいえないフランチャイズ本部を見かけることが多いからです。

多くのフランチャイズ本部の経営は、一つには業務用洗濯機や乾燥機の販売、さらにはフランチャイズへの加盟金（ロイヤリティ）や洗剤等の消耗品販売で成り立っています。

コインランドリーの場合、フランチャイズ本部の売上げ金額を見ると、業務用洗濯機や乾燥機等の機器の販売や設置工事の占める比率が大きいのです。

ともすれば、これらの業務用機器の売上げと工事費を稼ぐために、開業指導はそっちのけになり、必要以上に規模を拡大させて高額な機器を目一杯売りつけようとしたり、自分たちの収益にならない細々とした相談には投げやりで、無神経な対応をする営業マンを抱えているフランチャイズも多くあります。


コインランドリー一つをとっても、数多くのフランチャイズがあります。

前記のように、当たり外れの多いのがフランチャイズの本部です。さらには息の長い商売という特徴を持っているのがコインランドリービジネスです。たとえ時間がかかっても、親身になって、長期にわたって協力してくれるフランチャイズの本部を選んでください。

そのためには必ず、複数の本部の話を聞いてから、最適なフランチャイズを選ぶべきです。

こんなフランチャイズと営業マンは願い下げ

「これだけのスペースがあるのですから、洗濯機10台と乾燥機20台は置けますよ」

「そうすれば月150万円以上の売上げも見込めます」

洗濯機や乾燥機の販売代理店でもあるフランチャイズの本部にとって、1000万円の設備のお店も、2000万円の設備のお店も、開業指導の手間ヒマは同じです。設備規模を倍にすれば、同じ手間ヒマで売上げは一気に倍になるのですから、これほど美味しい話はありません。

だいたい最初から努力もせずに、いきなり「月150万円以上の売上げも……」なんて、それほど確信の持てる立地条件に恵まれた空きテナントがあるのなら、とっくの昔に、そのフランチャイズの本部関係者が店舗を開いています。

設備の先行投資規模の拡大をやみくもに勧めたり、調査に基づかずに安易に「売上げはだいたい100万円ぐらいですかねー」などという営業マンは、まず敬遠すべきです。お客さんのことを、カモがネギを背負ってきたぐらいにしか思っていないのです。

新規にコインランドリーを開業する場合、立地条件は千差万別です。一つとして同じ条件などあり得ません。一つひとつの事例に対して市場調査を行い、売上げ予測を導き出して、最適な設備機器の規模を提案するのがフランチャイズ本部の責任ではないでしょうか。

コインランドリーは、典型的な設備産業です。適切な設備の選択と配置、設備の運用とメンテナンスの2大要素が、その根幹となっています。

前記のような無責任な営業マンを多く抱えるフランチャイズ本部は、設備機器の売込みのための営業部隊にのみ力を入れ、機器の修理やメンテナンスのための技術部隊を持っていない場合も多いようです。

フランチャイズ本部の技術者は皆無で、修理やメンテナンスはすべて外注、加盟店から修理の依頼が来てもほったらかしで、ときには1か月過ぎても修理に来ないような本部さえあります。

まずは本部の担当者が、どの程度機械設備についての知識を持っているかを確かめることです。その担当者が技術職でなくても、まともな営業担当ならば、本部内での技術部隊との日常的な情報共有で、機械の故障やメンテナンスについての概要は把握しているはずです。

専門外だから何も分からないといった営業マンを抱えているフランチャイズ本部には、そもそも技術部隊がいなくて、コインランドリー開業後のフォローには無関心で、無責任という場合が多いのです。

場所の選定、市場調査、売上げ予測は、本部との共同作業

自分で空き店舗を持っているならばフランチャイズ本部に見てもらい、そうでなければ出店場所を相談することから始まります。

コインランドリー産業は、設備産業だと書きました。だからこそ立地条件と設備こ

そが金の卵を産むニワトリなのです。開業場所の選定と設備計画の決定が、コインランドリーを始めるオーナーさんにとっては、運命の分かれ目となるのです。

開業場所の候補を絞り込んだら、市場調査に取りかかります。

まずは、半径2㎞以内の居住者の構成と分布です。子供のいる家庭が多いのか、一人暮らしが多いのか。戸建て住宅が多いのか、マンションが多いのか。

さらには人の流れを見ます。すでにある隣接エリアのコインランドリーの位置と規模も知っておく必要があります。どの程度の売上げがあるのかも見ておきます。

次は、これらの諸条件を踏まえて、月当たりの売上げ予測を立てることになります。売上げ予測に基づいて、どの程度までの設備投資が可能であり、なおかつ必要かを見極めることができます。

以上のような市場調査と売上げ予測を、初めてコインランドリーをオープンするオーナーさんが、一人でできるわけがありません。やはりモチはモチ屋です。フランチャイズ本部の経験と能力に頼ることになります。

ただその場合、次の2点は幾度も強調しておかなければならないと思います。

①誤ったフランチャイズ本部の選定は命取りになる。
②フランチャイズ本部の指導と協力を得ながらも、すべては新規開業するオーナーさんの自己責任となる。

資金計画立案と融資相談

出店場所も決まり、市場調査と売上げ予測データも出そろいました。次は、売上げ予測に基づく資金計画の立案です。おおよその出店費用については、すでにフランチャイズ本部から提示があったはずです。

設備産業としてのコインランドリー事業だけに、開業後に月々必要となる運転資金は大したことないものの、初期投資ともいえる出店費用は結構な金額になります。

最初にドンと出資して、コツコツとコンスタントに回収を続け、それなりの時間はかかるけれど、確実な利益を残すのがコインランドリー投資の特徴です。過剰な設備投資は無駄そのものですが、一方でケチりすぎると、長期間にわたる売上げの累計では、膨大な機会損失となって跳ね返ってきます。

慎重の上にも慎重を重ねて、最適な初期投資額を算定します。その上で、自己資金として準備できる金額も確定して、残金の借入れが可能かどうかの融資相談を行います。

相談すべき銀行としては、都市銀行は融資を受けられる可能性が低いので、地元の地方銀行や信用金庫が主な対象となります。日本政策金融公庫など公的資金からの借入れを考える場合でも、まずは地元の地方銀行や信用金庫に行くと、親身になって相談に乗ってもらえます。

さらに地方銀行や信用金庫などは、日本政策金融公庫以外にも、その地域の保証協会の融資や各地方自治体による利子補給などの優遇政策にも精通しています。

開業資金融資などの、おおよその借入限度額の目安は、上限が1000万円程度で、本人の準備できる資金と同額以内というところでしょうか。

金融機関にとって、給料などの収入があり、副業でコインランドリーを始めることは大きな信用になります。もしも不測の事態に陥ったとしても、少しずつでも給料から返済してもらえると考えるからです。

そして業種がコインランドリーであることも強みです。人件費などの固定費がほとんどかからず、毎日のように現金収入があるのです。これほど確実な貸出先はそうそうありません。併せて大きいのが、フランチャイズ加盟の強みです。フランチャイズによる、過去の成功事例に基づく出店ですから、堅実性がさらに増します。

金融機関にとって、これほどの確実性を持った貸出先はないので、堂々と融資の相談に行きましょう。ただし、本人のやる気と決意はお忘れなく。金融機関は、融資を受けるその人の人柄を見ています。

オープニングセールの徹底利用で知名度を高める

いくらコインランドリーが営業活動の必要がない業種だといっても、その存在が知られなければ誰も利用しません。そして、その場所にコインランドリーができたということを、強く印象付けられるのがオープニングセールです。

オープニングセールでは、数々の特典を用意して集客を図ります。言い方は悪いですが、主婦を引き付けるには100円セールや値引きほど有効なものはありません。まずはオープニングセールのお試し価格でお客さんを引き寄せます。また、その日すぐにコインランドリーを使うお客さんでなくても、どんなところか覗いてみようと思わせるような仕掛けも考えてください。

オープニングセールの期間は、土日でないと来店できないキャリアママも多いので、前後に土日を2回含んだ10日間ぐらいがいいと思います。

また、新規オープン時には、お客さんのさまざまな質問に答えられる人員の配置も必要になります。コインランドリーの機器の操作も、いくら単純明快とはいっても、最初は誰もが戸惑ってしまいます。

初めてお店に入ったとき、にこやかに迎えてくれてサポートしてくれるスタッフがいれば、オープニング時だけとはいえ、親しみが増します。

さらにこのあとの項でも説明しますが、コインランドリーの上手な利用法や、数々のアイデアに満ちた主婦の知恵の紹介も大変有効です。コインランドリーの効率的な使い方や、アッと驚くような便利なヒントの数々は、利用頻度を高めたり、新たな顧客を生み出すきっかけにもなります。

このようなオープニングセールの告知に欠かせないのが、コインランドリーオープンを告げる店頭の飾り付けと、ポスティングによるチラシの配布です。

このオープニングセールのお知らせチラシも、土日を中心に曜日を変えてポスティングするなどの工夫が必要です。

大概のチラシは、その日のうちに捨てられてしまうので、最低でも同じ家に2回以

オープニング告知チラシ（一例）
100円のオープニングセール開催の旨が記載されている

上、開店予告と開店告知のチラシをポスティングしてください。枚数的には1万～2万枚程度は投函すべきです。

新聞の折り込みチラシは、今は新聞を購読しない家庭も増えたので非効率的です。ポスティング業者に頼む方が、新規開店のコインランドリー周辺の地域にあますことなく宣伝できるので、遥かに効率的です。

2 ▼知っておきたいコインランドリーの基礎知識

まずは客層の見極めと告知が必要

どのような商売でも同じですが、誰に何を提供するビジネスなのかを認識することから戦略と戦術が生まれてきます。そして、コインランドリーの主な顧客が、共働きの主婦やキャリアママであることは幾度も述べました。忙しい主婦やキャリアママは、コインランドリーにとって最大のお客さんです。

続いて見極めなければならないのが商圏です。特にコインランドリーの場合、かさばる洗濯物を持っての往復が伴いますから、クルマの便と自宅からの距離が大問題となってきます。一般的には、半径２㎞以内がその店舗の顧客対象者の居住範囲であり、コインランドリーの商圏となります。

当然、宣伝や告知の対象は、お店から半径2㎞以内の住宅ということになります。まさか全国紙でコインランドリーの広告を打つ人はいないでしょうが、地方紙や地方版でさえ無駄になります。したがって、コインランドリーの告知には、一軒一軒チラシを配布するポスティングが最有力手段であることがご理解いただけると思います。

そしてそのポスティングの方法ですが、一度や二度の投函だけでは、印象にも残りません。半径2㎞圏内ですから、1軒の漏れもないような徹底したローラー作戦とジュウタン爆撃が有効になります。たとえばオープニング時にも、予告に始まり、開店当日のお知らせ、営業を始めているという告知など、3回程度はポスティングしないと効果がありません。

オープニングセールのあとも、季節の変わり目ごとにポスティングを行います。日本には春夏秋冬の四季だけでなく、梅雨もあれば二十四節気というものもあります。工夫をすれば、告知のチャンスは山ほどあるのです。

コインランドリー利用法も大切なノウハウ

コインランドリーオーナーにとって、最低限の設備機器の知識は必要ですが、その多くはフランチャイズ本部のセミナーなどで得ることができます。基本的には、よくあるトラブルについて、修理やメンテナンスを依頼する場合の最低限の知識を持っていればいいだけです。

それよりも遥かに大切なのが、コインランドリー利用についての知恵と知識です。

業務用洗濯機だからこそ、一度で大量の洗濯が可能になり、時間が大幅に短縮すると紹介しました。また、業務用乾燥機だからこそ、天気に関わりなく、生地の復元効果の高いふっくらとした仕上がりになると紹介しました。

洗う力が強い、大容量の衣類や寝具などが丸洗いできる、驚くほど短時間で洗濯と乾燥を終えることができる。でも、こんなことはコインランドリーの利点の一部に過ぎません。

よく聞かれる質問に、「羽毛布団は、どの乾燥機で何分ぐらいがいいですか？」「温度は、高温、中温のどれがいいですか？」などというのがあります。より効率が良く、便利な使い方をお客さんは求めています。

これはポスティングするチラシに掲載する、キャッチコピーにも使える季節ごとのお客さんへの提案です。

①花粉症の季節です。外干しでは花粉だらけです。コインランドリーなら花粉が付きません。
②旅行のあとはスーツケースごと持ってきて、一気に全部、洗濯しましょう。
③梅雨ですね。部屋干しはカビやダニの原因です。コインランドリーの出番です。
④暑い日が続きます。汗臭い洗濯物はコインランドリーできれいにしましょう。
⑤秋は台風と運動会のシーズンです。この時期の心強い味方がコインランドリーです。

⑥衣替えは終わりましたか？　しまう前、着る前に洗濯と乾燥でスッキリきれいにしませんか？
⑦大掃除の季節。大物はコインランドリーがお得で便利です。
⑧ダウンジャケットやスキーウェアには、コインランドリーがピッタリ。

顧客の掘り起こしに勝る営業活動はない

地方都市の共働きの主婦から、コインランドリー利用のブームが起きたことは紹介した通りです。口コミで徐々に広がり、都心部へと攻め上がってきました。それも最初は、1週間分も溜まった大量の洗濯物を、天候にかかわらず一気に洗えることに好感を持たれたのがきっかけです。

やがて、業務用乾燥機のふっくらした仕上がりのファンが増え、布団や毛布などの大物も洗えることに驚きが広がりました。それでも未だに、統計的にはわずか2％程度の人しかコインランドリーを使っていないのです。なんと98％もの潜在顧客、未利用者層が眠っています。

コンビニエンスストアなどのショップでは過当競争が始まり、同じ系列のフランチャイズ店同士で潰し合いが始まっている状態です。一方コインランドリーは、ライバル店から客を奪う以前に、半径2㎞という手近な商圏内で、眠っている客層を掘り起こせばいいだけです。

それも、今まで週末に、4回も5回も洗濯機を回していた主婦を一度コインランドリーへ導けばいいだけです。

たったそれだけのことで、半数以上の主婦がコインランドリーの常連客となります。さらに季節ごと、イベントごとにコインランドリーへと誘引すれば、利用回数も激増します。

口下手で、「営業活動なんてできないよ」とおっしゃる方でも、小まめなポスティングならばできるはずです。たまたまお店にいたときに、「その洗濯物なら、こちらの容量の洗濯機で十分ですよ」と一声かけるだけで、感謝もされます。ごく身近な地域のご近所さんとのお付き合いですから、親しみやすさこそが最高の営業活動になるのです。

開店後に欠かせないのが掃除

やるべきことは、ポスティングによる新規開店予告やオープニング告知、さらにはオープニングイベントです。そして店舗オープンのあとは、季節や行事を念頭に置いた新規顧客の掘り起こしと誘引です。と同時に、心がけておかなければならないのが掃除です。清潔で居心地のいい空間、これがコインランドリーに欠かせない条件です。

儲かっているお店とそうでないお店の違いは何かと問われたら、私は躊躇なく、立地条件と清潔感と答えます。洗濯物は繊維の塊ですから、綿ぼこりが出続けます。いつの間にか機械の下や店の片隅に綿ぼこりが積み重なっていきます。

また無人だからこそ、ゴミを置いていく人もあとを絶ちません。さらに洗濯機や乾燥機の中に輪ゴムやクリップや紙くずが残り、機器の故障の原因になることもあります。

最低でも、1日一度の点検と掃除が欠かせません。できれば集金も兼ねて、1日に二度、三度と足を運べば、お店もきれいになります。居合わせたお客さんへの挨拶も、貴重な営業活動の機会です。

洗濯に30分、乾燥に30分、合計すると1時間は待ち続けることのあるコインランドリーです。その場所の居心地が良くなければ、足が遠のいても不思議ではありません。まずは清潔感ですが、それ以外にも居心地のいい場所にするためには、いくつかの方法があります。

その一つは、照明です。コインランドリーは昼間も客が少なく、夜もそれほどは来ません。だからこそ、薄暗い店内でポツンと一人で洗濯が終わるのを待つのは侘しいものです。店内が明るいこと、これが一番大切です。

さらに洗濯機の回る音以外何も聞こえなくて、怖いと思う女性も多いようです。その問題も、有線かラジオを流せばいいだけです。ちょっとした経費と心配りで解決できます。加えて、客層を考えて『クロワッサン』など主婦向けの雑誌を置くと、さらに喜ばれます。

ところで、洗濯待ちの間に寛ぐための椅子ですが、2人掛けぐらいが最適です。横になれるほどの長いベンチを置いてしまうと、寝てしまう人もいて、店舗の評判を落としてしまいます。

同じく24時間営業にするかどうかも、立地条件によって判断すべきです。できるだけ24時間営業にすることが、突発的な理由によって来訪する人たちの役に立てるなど、利便性を高めて好感度を上げるのですが、場所によっては若者の溜まり場になってしまったり、両替機をたびたび壊されるということもあります。

第7章

成功するには理由がある

1▼コインランドリー、成功するビジネスモデル

一にも二にも、立地条件だが……

コインランドリービジネスにとって立地条件がいかに大切かは、すでに十分ご理解いただけたと思います。それも、先行者利益として、その地域に、先にコインランドリーをオープンさせた人が有利になるのですから、先陣争いというか、いわば陣取りゲームの様相を呈しているともいえます。

ただし、もう一つご理解いただきたいのは、副業（あるいは兼業）としてのコインランドリーであるということです。背伸びしすぎることなく、無理なくできるかどうかも大切な要件です。

いかに有利な立地条件にあったとしても、自分の店に通うのに1時間以上もかかるようでは問題外です。掃除や集金などの日常業務はパートさんを雇って処理するにしても、せっかくの金の卵を産むコインランドリーに目が行き届かなくては、徐々に寂れていきます。

少なくとも1軒目の開業では、居住地や本業の拠点が、コインランドリーの商圏ともいえる半径2km以内にあるというのが最善の選択です。もしそれが不可能だとしても、その周辺ということになります。

コインランドリーが設備産業であり、常駐者を必要としない無人商店であるにしても、ほったらかしにしておいて、利益が上がるなどという虫のいい話はありません。日々の、それなりの努力によって、少しずつ売上げが向上していくのもコインランドリーの特徴です。

開業前には、一に最適な立地、二に居住地の近隣地区という条件を優先に開業場所を選び、オープン後は時間の許す限り小まめに足を運ぶ。そうすれば自然と、経営者として今何をすべきなのかが見えてきます。それも、コインランドリーにとっての最適地であると同時に、コインランドリーを開業する本人にとっても最適な場所であればこその話です。

地の利を最大限生かすには、その場所が備えている有利さだけでなく、戦うべき本人（経営者自身）にとっても、もっとも有利な場所を選ぶべきです。

ときには、移転も選択肢になる

みなさんに「これほど堅実で、確実な副業はないですよ」と、コインランドリービジネスへの参入を促す私にとっては、いいづらくもあるのですが、どんなに有利なビジネスであっても100％確実ということはありません。

せっかくコインランドリー事業をやってみようと思われた方たちに、冷や水を浴びせることかもしれませんが、誘う者の責任として、上手くいかなくなる例やその可能性についても触れておくべきだと思います。

その一つが、立地条件が大きく影響するというコインランドリーの特徴がマイナスに働いた事例です。

いくら先行者が有利だといっても、たとえば日常的に通うスーパーマーケットへのお客さんの動線上の一等地に、競合するコインランドリーができたとしたらどうでしょう？　それこそ、スーパーマーケットの駐車場の中にコインランドリーができたとしたらどうでしょう？　当然ですが、既存店は多くの常連客を失うことになります。あるいはまた年数が経てば、都市の再開発などによって住民構成が大きく変わるということもあります。

平時に乱を忘れずではないですが、経営者となる以上、常に状況の変化に敏感になるべきです。その一つの対処法が、常にコインランドリー開設のための次の最適地を考え続けることです。

2店舗目、3店舗目の新規開業を念頭に置いてもいいでしょう。そして、もしもの場合には、コインランドリーのもう一つの利点を思い出してください。一度購入した業務用の機器の寿命の長さです。20～30年どころか、40年経って現役で活躍していても不思議ではないのです。

開業段階での先行投資金額の大半が、これらの機械設備に姿を変えているのです。だから当然、今現在の開業場所が不利になれば、最適地のテナントへと移動すればいいのです。

すでに、オープン前に行うべき売上げ予測とシミュレーションの大切さを書きましたが、ここでいうシミュレーションとは不測の事態を想定して、もしもの場合の対策をしておくということです。移転もまた選択肢の一つになることも、コインランドリービジネスの一環として、覚えておいてください。

成功する駐車スペースの位置と店舗表示

駐車できる位置からお店まで、歩いてわずか数十歩だとします。距離にすると十数mに過ぎません。ところが数歩の差が、のちに大きな売上げの違いとなってのしかかってきます。

家族4人分の洗濯物は、1週間溜まると20kg以上になります。幾度かに分けて運ぶにしても、合計すれば子供一人の体重に近い洗濯物を手に持っての移動です。毛布や布団、バスタオルなどの大物、かさばる冬物、衣替えの衣類などなど、洗濯物の量が多いときほど、駐車スペースから入り口までのわずか数歩の違いが、天と地ほどの利便性の差となります。

クルマを出てから10歩以内でお店に入れることが基本ですが、最大でも20歩以内と考えておきましょう。

次にお店の看板です。駐車場がある場合は、駐車スペースの位置表示も欠かせません。いくら通い慣れた道路とお店であったとしても、直前まで看板も駐車場の表示も見えないようでは、役に立ちません。少なくとも30mぐらい手前まで来れば、お店の位置が確認できて、どこに駐車スペースがあるかも一目瞭然にする必要があります。

運転に慣れているドライバーであっても、店の位置に気づかずにうっかり通り過ぎたり、駐車スペースの確認に手間どることが多いのです。

駐車場に隣接してコインランドリーを出店するときは

ショッピングセンターなどの駐車場に隣接してコインランドリーを作る場合、建物の入り口近くがいいとは限りません。

買い物客にとって一番便利な入り口近くから、駐車場は埋まっていきます。他の買い物客のクルマの後ろに停めると、すでにあるクルマのすき間を縫って大きな洗濯物を運び込むことになります。

それならばいっそのこと、ショッピングセンターの入り口からできるだけ離れた駐車場の入り口近くにコインランドリーを作り、お客さんにはいったんコインランドリーの近くにクルマを停めて洗濯物を入れてもらい、改めてショッピングセンターの入り口に近いところに移動してもらう方が便利です。買い物が終われば再びコインランドリーの近くへとクルマを移動して、洗い終えた洗濯物を積み込めば、楽でもあり合理的です。

ショッピングセンターの外に隣接してコインランドリーを作った方が、ショッピングセンター内に出店するよりも、遥かに良かったなどということも多いのです。

ショッピングセンターの入り口近くのコインランドリーの前で路上駐車して、洗濯機をセットしてからショッピングセンターの駐車場にクルマを移動。買い物を終えたらショッピングセンターの駐車場の出口までクルマを移動して、洗い終わった洗濯物を積み込むことができるような場合です。

まるでショッピングセンターやスーパー頼みのコバンザメ商法のようですが、コインランドリーの洗濯機に衣類を放り込んでから、買い物をして時間を潰すこともあるでしょう。スーパーマーケットなどのお店にとっても、自分の店のお客さんですから黙認してくれます。

また、共同併設店舗などがあるコインランドリーならば、それらの店舗との駐車場の共同利用も考えられます。その場合は、どこがどの店舗のスペースかを固定するのでなく、来るお客さんは、両方のお店のお得意さんと捉えて、できるだけ自由に停めやすい位置に駐車してもらえるようにすることも必要です。

店内が一目瞭然の明るい店舗作り

「一度も使ったことがないから……」

「別にコインランドリーを使わなくても……」

「家に洗濯機があるのに、何でわざわざ？」

急速に店舗が増え、利用者が激増中のコインランドリー。

それでもまだ、利用率は全家庭の２％程度に留まっています。ビジネスチャンス、のびしろの大きい事業でありながら、せっかくの顧客を逃しているのが現状です。


誰だって、初めて利用するときには戸惑いがあるものです。

これは別にコインランドリーに限りません。すでに利用している人にとっては当たり前のことでも、初めて利用する人にとってはドキドキ、マゴマゴして当然なのです。

コインランドリーでは、知り合いに利用者がいて「便利だよ」と誘われて、初めて使ったという例が多いのです。あとはやむを得ないような必要に迫られたとき、たとえば翌日の子供の試合のためのユニフォームの洗濯などが、コインランドリー利用開始のきっかけになっているようです。

そのような、初めてのお客さんを誘う最良の方法は、入らなくても一目瞭然でお店のシステムが分かることです。一番いいのは道路からガラス越しに店舗全体が見通せることです。といっても、そのように開放的で立地条件にも恵まれた空きテナントなど、そうそうありません。

当然のことですが、できるだけ開放的に機器を配置する努力が求められます。店内の照明を明るくする、利用料の紹介に併せて内部の配置図を道路に面して掲示する、ちょっとした利用法の説明を掲示するなどです。

どのようにすれば、お客さんが店内に入りやすくなるか？　特に、一度もコインランドリーを利用したことがないような主婦向けの取り組みを積み重ねることが、成功の条件だと思います。

まだまだ98%もの顧客層を眠らせているのです。使っている知人がいなくても、やむを得ないような必要性に迫られなくても、「一度使ってみようかな」と思ってもらうことができれば、利用者は急増します。

たとえばですが、そろそろ冬物の羽毛布団と毛布を出さなければと思っているお客さんには、『その布団と毛布、あとは小銭だけ――これだけ持っていけば、押し入れに仕舞われていた布団も毛布もふっくら』など、何も思い悩むことも考えることもなく、持っていけばいいいだけだと思ってもらうように、初めて使うことへの抵抗感をなくすキャッチコピーによる告知をし、利用へと誘導します。

売上げ見込みに基づく無理のない資金繰り

貸店舗の地主さん、オーナーさんだって、借主が次々と変わるようではテナント募集のための経費がかかったり、店舗が空いている間は家賃収入が途絶えます。長期にわたりドッシリと腰を据えて商売を続けてもらえるコインランドリーは、貸主にとっても、ありがたいお客さんです。

いったん開業してしまえば、主な経費はテナント料（家賃）です。設備投資資金を除けば、支出の6〜7割を占めることになります。売上げ見込みに基づく月々の収支計算で、テナント料の占める割合が大半であることはいうまでもありません。そしてここでの収益の違い、家賃による経費負担に毎月5万円の違いがあれば1年では60万円、10年では600万円の違いになります。

これはそのまま利益の違いとなって現れます。さらに業務用機器は40年以上もつのですから、40年経てば2400万円の違いです。十分すぎるぐらい貸店舗のオーナーさんと交渉して、たとえ月当たりわずか1000円であっても、安くしてもらいましょう。

以上の話は極端なようですが、この家賃の差額を、初期投資である設備機械に伴う金融機関への返済に充当できるとしたらどうでしょうか？　月々の負担は劇的に軽くなります。早期に減価償却を終えて、打ち出の小槌であるコインランドリーの機器と設備が残ることになります。

コインランドリービジネス成功への一番確実な方法は、まずは最初の数年で、機械設備等の初期投資分の償却を行うことです。金融機関からの借入れがあれば、その返済を終えることです。それさえ終われば、あとは毎月のように収益が飛び込んできます。

さらにまた、次のコインランドリーに最適な立地条件に恵まれた場所が見つかったとします。いったん今までの融資分を返していれば、その実績も買って、金融機関は喜んで新規の融資に応じてくれます。

まずは、打ち出の小槌を1個、あるいは金の卵を産むニワトリを1羽、手中に収めることです。一攫千金や馬鹿当たりは望めないコインランドリービジネスですが、着実に収益も上がり、ビジネスチャンスも広がっていきます。

2 ▼潜在顧客への絶え間ない攻めの姿勢が成功に導く

商圏を見据えた顧客誘導作戦

いくら「特段の営業も必要ない」「常駐スタッフも必要ない」「洗濯機や乾燥機が打ち出の小槌のようにコインを降らせてくれる」といっても、コインランドリーを利用してくれるお客さんがいてこその話です。

利用しやすい立地条件や、買い物などの行動パターンに沿った店舗配置、洗濯物を持ち込みやすい駐車場、初めてでも抵抗なく入れる明るく開放的な店内など、顧客に配慮した店舗設計を行ったあとは、いかにお客さんを誘引して、コインランドリーを利用してもらうか、です。

その基本が、コインランドリーの1店舗当たりの商圏（顧客エリア）である半径2km以内の住居への徹底的な告知です。

その方法は、1軒残らず各戸を回る、ローラー作戦によるチラシのポスティングです。単純明快なこの手法が、いかに無駄なく有効であるかは、すでにご紹介した通りです。

この場合、特に意識すべきことは、競合店舗と客を奪い合うことではなくて、自分の店の商圏の中で、未だに2％程度に留まるコインランドリーの利用率を上げることです。狭い地域で何軒ものコインランドリーが競合しているのなら顧客の奪い合いにもなりますが、今はまだまだコインランドリーが不足している状況です。

無駄な競争や、客の奪い合いをしている場合ではありません。自分の経営するコインランドリーの近隣に住むお客さんを一人でも多く引き付けることができれば、常連客が増え、将来にわたって着実な売上げを確保することができます。

定期的なキャンペーンとチラシで認知度を上げる

私の経営するフランチャイズでは、いくつものチラシのパターンを作って、加盟店に提供しています。季節の変わり目、特に衣替えのシーズンなどは、新規顧客獲得のビッグチャンスです。

手を替え品を替え、100円均一などの特別割引キャンペーンの実施や、季節に合った利用法の啓蒙キャンペーンなど、やるべきことはいろいろあります。

それらの季節や行事に合わせたキャンペーンやポスティングをする中で、家庭用の洗濯機とコインランドリーの洗濯機や乾燥機との違いを啓蒙しながらも、さらに次の一手です。さりげなく他のコインランドリーとのサービスの違いを強調するのです。

『洗剤は、他のお店より汚れがよく落ちる高級品を使っています』

『環境にやさしく、アトピーにも安心な洗剤と機器です』

さらに私のフランチャイズの場合は、すでに紹介した24時間対応のコールセンターや返金システムの他にも、おサイフケータイ、Ｅｄｙ、ＷＡＯＮなどの電子マネーが使えるサービスを提供しています。小銭が必要なく、さらにはポイントやマイルが貯まるサービスです。

これらの『エコランドリー』と『電子マネーランドリー』は、私の会社の登録商標ですが、他のコインランドリーにはないこうした特長こそが、このあと10年経ち、20年経ってコインランドリーが過密化して競合するようになったときにも、弊社の加盟店が有利になるための差別化の手段だと考えています。

成功しているコインランドリーを見ると、私どものフランチャイズ本部で用意したチラシ以外にも、地域の行事に合わせたり、親しみを持てるように手書きのスタイルにしたりと、さまざまな工夫を凝らして宣伝している例が多いのです。

多忙を極める主婦やキャリアママたちに、お役立ち情報や生活の知恵を提供しつつ、さりげなく自分のところのコインランドリーの優位性を強調して常連客になってもらう。これが成功するコインランドリーにとって最大の、日常的な課題です。

また、やる気になれば二十四節気ごとに、時候の挨拶を兼ねたポスティングも考えられます。年24回は多すぎると思うかもしれませんが、週に一度は洗濯しなければと思っている主婦が多いのです。月に2回、コインランドリーへと誘《いざな》うぐらいでも多すぎるということはありません。

そのうち、思いついたときにチラシを作ってポスティングしようなどと考えていても、ついついうっかりして、気がつけばタイミングを逃してしまったなどということがあります。

最初から、何月何日にポスティングすると1年計画で決めておけば、チャンスを逃すこともありません。ポスティング業者にも前もって、「○月○日と○月○日にお願いします」と、半年から1年程度にわたって10回程度の一括予約で交渉すれば、ポスティング費用も大幅に安くなります。

3▼失敗するにも理由がある

一番多いのが、看板とディスプレイの失敗

前に触れたように、オシャレがいいとは限りません。看板やディスプレイをオシャレにしてしまうのが、初めてコインランドリーを開業する人たちに多い失敗です。チョット見には、まるでブティックか喫茶店みたい。お店の名前もオシャレで、ときには凝った筆記体のアルファベット表示もあります。オーナーにとっては、そのセンスの良さを知ってもらう最大のチャンスです。ちょっと低めのそのお鼻も、どんどん高くなるでしょう。ただしオーナー個人のセンスの良さのアピールで終始して、お仕舞いです。

知ってほしいのは、オーナーのセンスの良し悪しではなく、ここがコインランド

リーであるということです。覚えてほしいのは、店名よりも、ここにコインランドリーがあるということです。

たとえば『ブックオフ』の看板には、大きく「本」と書いてあります。『TSUTAYA』にしても自社名以上に大きく「CDレンタル」と書いてあります。最近のコンビニはどこでも酒とたばこを置いてあります。それでもどの店も道路から一番目につく駐車場脇に、「酒　たばこ」と大きく掲示しています。

ブックオフといえば古本屋、TSUTAYAはレンタルショップ、セブンイレブンやローソンでは酒やたばこを売っている。そんなことは誰もが分かっていることですが、それでも告知すべき最大のものは、店名でなく取扱い商品なのです。

ましてコインランドリーは、私のところをはじめ、大手のフランチャイズチェーンでも知名度が低いのです。フランチャイズ名を大きく表示したとしても、イワシの頭ほどの御利益さえありません。まずは、「コインランドリー」と大書《たいしょ》することです。

それも目立つ色で表記します。なぜ交通標識に黄色が多く使われるのか？　もちろん目立つからです。安全のためにはセンスよりも目立つ色を使います。コインランドリーも同じです。お客さんに認知してもらい、来店してもらうには、目立つ色で大きく「コインランドリー」と書いた看板が欠かせないのです。

私の会社のフランチャイズのブランド名は『マンマチャオ』ですが、コインランドリーと大書してあれば、極端な話、入れなくてもいいのです。

お客さんは、ポスティングによるチラシを見て来るより、買い物の途中などで「コインランドリー」の看板を見かけて入ってくる方が圧倒的に多いのです。だからこそ選び抜いた立地条件と目立つ看板が欠かせないのです。

稼ぎ頭をそろえても、上手くいくとは限らない

その他で多いのが、コインランドリーに設置する洗濯機や乾燥機などのラインナップを、売上げ効率に合わせた比率で設置して失敗する例です。また、先にも紹介した一体型の洗濯乾燥機が便利だろうと多く入れて採算が取れなくなった例も数多くあります。

実際のところ、コインランドリーにおける稼ぎ頭は、間違いなく乾燥機です。総売上げの70~80%を乾燥機が稼ぎ出しているお店も珍しくありません。自宅で洗濯をすませてから乾燥機だけを使いにコインランドリーへとやってくる主婦も多いのです。

独身や夫婦2人だけなら、また時間のある小家族の洗濯だけならば自宅の家庭用洗濯機で十分です。わざわざ出かける手間ヒマも、少額とはいえお金をかけることも必要ありません。

それでも乾燥機だけを使いに来る方がいるということは、やはり業務用乾燥機に勝る仕上がりはないと知った主婦の方が多いのでしょう。梅雨時など、洗濯機は遊んでいても、乾燥機はフル稼働などということも珍しくありません。

「それならば乾燥機だけのコインランドリーを作ればいいじゃないか」と思う人も、あとを絶ちません。乾燥機だけで洗濯機を設置しないのであれば、まず上下水道の工事が不要になります。「初期投資費用も少なく、稼ぎ頭を目一杯並べたコインランドリーだから儲かって当然だ！」と思うようですが、前述のように、いつの間にか客足は遠のいてしまいます。

確かに雨の日などはお客さんも来るのですが、それでも3割以上の、洗濯も含めてコインランドリーですまそうと思う人を捨てているのです。他のコインランドリーで洗濯して、わざわざ乾燥のためだけに、別のコインランドリーへ移動する人などいるわけがありません。

同じことは、洗濯機の容量別のラインナップについてもいえます。これまたほとんどの人が中型の15~18kgの容量の洗濯機を使います。迷ったときは、中型でいいだろうと思うようです。

だからといって中型の洗濯機だけを配置しておいても、お客さんは納得しません。大型がないなら中型を2台使えばいいとか、小さな洗濯機がなくても中型で問題ないだろうとは思わないのです。あそこのコインランドリーは、ピッタリサイズがないという印象だけが刷り込まれて、客足が遠のきます。

経費は、削減すればいいというものではない

たとえ24時間営業でなくても、エアコンは動かし続けておいた方が、電気代が節約できる場合が多いのです。夜、エアコンを切ると、夏場などは朝にはすでに店舗内が蒸し風呂のように暑くなっていることがあります。そのような状態でエアコンをつけると、エアコンは自動設定されていますから、設定温度まで急速冷房しようとフル回転してかなりの電力を消費してしまうのです。冬の暖房も同じことで、冷え切った朝につけると、時間もかかれば電気代もかかってしまいます。

そのため冷蔵庫のように、一定温度で無駄なエネルギーも使わずに、最適温度を保ち続けるのが賢明な温度管理法になります。

その場合、コインランドリーとしての最適室内温度は、夏場は28度、冬場は18～20度というところでしょうか。洗濯や乾燥の間の待ち時間もありますから、夏場は涼しすぎず、冬場は暖かすぎない温度です。

一般の商店では、お店に飛び込んできた人が、夏場なら涼しいと感じ、冬場なら暖かいと感じられる温度が最適ということになります。お店に入ったその瞬間に、涼しくて気持ちいいとか、暖かくて気持ちいいと思ってもらえるように温度設定をしています。

お客さんたちが動き回ることの多い、スーパーマーケットやコンビニエンスストアなどの一般の商店とは異なり、洗濯や乾燥の間は待機することの多いコインランドリーですから暖かすぎず、涼しすぎない温度設定が求められます。

そうしておかないと、ちょっと涼みに入ってくるような人や、中高生やヤンキーの溜まり場になってしまうこともあります。

また、24時間営業にするのも場所によっては考えものです。ホームレスに寝泊まりされたなどというようなケースもたまにはあります。

ただし、できれば24時間営業が望ましいことに変わりはありません。いつでも洗濯ができるというのがコインランドリーの強みです。夜中のお客さんは、ほんの少しとはいえ、困ったときのコインランドリーです。明日の朝までに、子供のユニフォームを洗って持たせなければいけない。そのような非常時にコインランドリーが使えたとしたら、お客さんの好感度は大幅にアップします。

明るく適度な照明、待ち時間も快適に過ごせる空調温度、清潔で居心地のいい空間。そのための経費を惜しみなく使ったとしても、暗くて陰気な照明、暑すぎたり寒すぎる空調温度、掃除の行き届かない侘しい空間に甘んじた場合と、ほとんど差は出てきません。照明代など、いくら蛍光灯を減らしたとしても、月に1000円も安くはなりません。

わずかばかりの経費削減のために失ったお客さんの数を考えると、本来ならば得ていた売上げの減少額の方が遥かに多いのです。かえって大損している例も、枚挙にいとまがありません。

「投資」と「経営」の中間にあるコインランドリービジネス

事業家として、一発勝負に出たい。

背水の陣で、総力戦で臨みたい。

起死回生をかけ、すべての腐れ縁を断ち切って挑戦したい。

その心意気は買いますが、耳が痛いほど繰り返したように、それならばコインランドリービジネスはやめなさいと進言するでしょう。


もちろん、コインランドリーを始めたことで、ビジネスの面白さを知った方は大勢います。コインランドリーを手がけたことで、ビジネスのノウハウや商売に欠かせない知恵を学んだという方も大勢います。ただしそれでもコインランドリーは、副業としては最適でも、本業にするには物足りないというか、大当たりの可能性が少ない商売です。


だからこそ副業という片手間でやっていても、参入を試みる大資本を恐れることなく、自分の都合のいいときにお店へ行き、ヒマなときにあれこれと販売促進のアイデアを考えればいいだけなのです。

サラリーマンや、本業である別の仕事を続けながらも、会社勤めや本業の足かせになることもなく続けられる商売、大金ではないにしても家庭の主婦の手がけるパート収入の2倍程度の不労所得が自動的に入ってくる商売は、他にはありません。

コインランドリーは、それなりの設備産業ですから、株や為替など金融商品、あるいはアパートやマンションなどの不動産への投資に似た側面もあります。まさに「投資」としての側面です。

一方で、小なりといえど店を構えて、不特定多数のお客さんを相手にするわけですから、小売店などと同じような店舗ビジネスとしての側面を持っています。こちらは、商店「経営」としての側面です。

このように、投資と経営のちょうど中間あたりにあるのが、コインランドリービジネスです。したがって当然のように、投資としての確実性とリスクヘッジが必要になります。経営者としての知恵と絶え間ない努力も必要になります。ただし、それを心がけてさえいれば無理なくできるところに、コインランドリービジネスの面白さと手堅さがあるのです。

それも都心の一等地や繁華街に立地を求めるのでなく、ごく一般的な住宅地の周辺に最適の立地条件があるのですから、誰にでもコインランドリービジネスに着手できるというチャンスがあります。基本は、投資のための種銭ともいえる基礎的な資金作りと、フランチャイズ本部の助言を得ながらの立地選定です。

そのあとは、この本の中で紹介した、無駄と無理のないコインランドリー運営に取り組めばいいだけです。私の運営するコインランドリーのフランチャイズもそうですが、数多くのフランチャイズ本部の中から信頼できる企業を見つけ、その指導と協力のもとに一つひとつ着実に進めていけばいいのです。

短気は損気、長～いお付き合いになります

ただし、老婆心ながらこれだけは再度、強調しておきます。コインランドリーは息の長いビジネスなのです。それなりの設備投資が伴いますから、爆発的な売上げが望めないコインランドリーの性格上、最初の数年から10年程度までは、売上げ金から諸

経費を払い、そのまた残りのほとんどを金融機関への返済に充てることになるかもしれません。

突き放した言い方ですが、それでいいのです。設備産業の常として、必死になって先行投資部分の融資借入を返済して、設備投資資金を償却してから利益回収期に入るものなのです。

サラリーマンの感覚では、売上げの何割かは自分のものじゃないの、と思いがちですが、最初には出銭《でせん》があって、やがて利益となって返ってくるのが商売の基本です。

第3章で、廃業が少ないのもコインランドリービジネスの特徴だと書きましたが、たとえ金額は少なくとも、確実に利益が生まれるのがこのビジネスなので、廃業に追い込まれる危険性が少ないということもあります。

と同時に、せっかく初期投資部分、設備投資部分の償却と返済を終えたのに、これから利益だけが残る時期を迎えて、途中で投げ出す馬鹿はいないということです。

副業としてのコインランドリービジネスでは、短気は損気です。20年、30年、40年と続く息の長い商売です。私も自分の経営するフランチャイズ組織で、お付き合いの始まったオーナーさんたちとは、このあと数十年は付き合うことになるんだと心に決めて、目先の利益を追うだけでなく、長期的な視野に立ってご提案したいと考えています。

おわりに

副業としてのコインランドリーを支えるために

ここまでお読みいただいた読者のみなさんには、「副業の条件」についてもご理解いただけたと思います。儲かるから、利益率が高いから、カッコいい商売だからという条件だけで副業を選ぶと、本業への思わぬ負担となり、「二兎を追うものは一兎も得ず」の諺《ことわざ》通りになってしまいます。

時間的に制約のない余暇を使っての起業が副業の条件ですから、コインランドリービジネスが「週末起業」にいかに向いているかもご理解いただけたと思います。

とはいえコインランドリービジネスは、設備投資によって利益を生み出す業種です。ちょうど「投資」と「商売」の中間ぐらいに位置していて、それなりの先行投資を伴います。長期的な人生設計に基づく投資資金準備に始まり、用地選定や金融機関への融資相談、設備機器の選定と設置など開業前の準備に追われることとなります。

さらにはコインランドリーオープンに伴うキャンペーンやその後のPR活動など、いかに時間的な制約のないコインランドリービジネスといえど、やはり商売は商売ですから、それなりの取り組みが必要となってきます。


でもご安心ください。コインランドリーが今では、銭湯の横の薄暗い空間だったころとまったく異なるように、さまざまな業種においてフランチャイズ方式という個人の起業を助けるシステムが林立しています。そしてコインランドリーについても、数百にも及ぶフランチャイズ推進のための企業があるのです。

私の企業が手がけるフランチャイズ『マンマチャオ』もそうですが、より合理的で収益率を上げられるコインランドリーになるように、改善に改善を重ねて今に至っています。

コインランドリーについての基礎知識のセミナーに始まり、オーナーさんと一緒になっての設置用地探しと配置機種の選定、現地調査に基づく事業計画の策定や金融機関への融資資料作成、設備工事の手配と立会いなど、今までの二百数十か所に及ぶコインランドリー開設の経験を生かして、何ら過不足のない助言ができるまでに成長してきました。

本文中でも触れましたが、私が今一番重視しているのは、副業としてコインランドリーを手がける事業者の方々の利便性です。その利便性を確保するための私たちの取り組みの一例が、季節やイベントごとにポスティングするチラシの提供に始まり、24時間対応のコールセンターの設置、インターネットを使った遠隔操作返金システムの開発、即時に対応できるメンテナンス部隊の設置などです。

さらにはＷＡＯＮなどの電子マネーが使える『電子マネーランドリー』や、自然にやさしく体にもやさしい『エコランドリー』を推進しています。これらは利用者の便宜を図るとともに、他のフランチャイズとの差別化の一環として取り組んでいます。

常勤の管理者がいないコインランドリーですから、オーナーさんに代わって、さまざまな業務をアウトソーシングで引き受けて、彼らの負担を軽減することもフランチャイズを経営している企業の責任だと思っています。

先んずれば制すは、コインランドリー事業にこそいえる

まだまだ「のびしろ」の大きいコインランドリービジネスですが、一点だけ念頭に置いておく必要があります。それは、先行者が有利になるという「エリアビジネス」としてのコインランドリーの特徴です。

馬鹿当たりは望めないものの、長期にわたり確実な収益を生み出してくれるのがコインランドリービジネスです。大資本が参入してくる心配もなければ、競合他社としのぎを削る必要もありません。手堅く地場を固めれば、不動の地位を築くことのできる商売です。

でもこれは、コインランドリービジネスを手がけようと考えている別の事業者にもいえることです。自分の居住エリア内に先にコインランドリーができてしまったとしたら、次にコインランドリーを開設するためには、その隣接地域から候補地を探すことになります。

さらにその隣接地域内にも先にコインランドリーができてしまったら、そのまた外周地域へ、というようにどんどん居住地からは遠くなってしまいます。

これも本文中に書きましたが、コインランドリーにとって地の利のある場所とは、最適な地域と建物であると同時に、オーナーさんにとっても日常的に見回ることのできる利便性に優れたところです。

たぶんこの本を読んで身近な女性に話をされたら、「そうなのよ！　コインランドリーって凄いのよ！　そうそう、もはや必需品ね」と答える方が増えてきていると思います。それほどまでに浸透し始めたコインランドリービジネスが目の前にあるのです。

だからといって焦る必要もないし、慎重さも求められます。あなたに求められているのは、コインランドリービジネスに目を向け、その最適地が身近にあるのかと日々考えながら過ごすことです。

資金準備のための貯金から始めるのもいいでしょう。冷やかし半分にしても、私のセミナーなどに来るのもいいでしょう。豊かな生活を維持するためには、副業や兼業が欠かせなくなった現在、ビジネスチャンスを意識して日々を過ごすことが大切なように思います。

チャレンジを検討する対象業種の中に、コインランドリービジネスを選択肢の一つとして加えていただけるならば、20年近くコインランドリー機器の販売と店舗開発に関わってきた私とすれば望外の喜びです。

ユーザーさんの笑顔、オーナーさんの笑顔

すでに多くのコインランドリー利用者のみなさんが実感しているように、生活にゆとりをもたらすための余暇さえも生み出すのがコインランドリーです。コインランドリーが普及していけば、お母さんの笑顔が増え、家族が笑顔になり、街に笑顔が広がり、地域へ、そして日本の津々浦々へと笑顔が広がっていくと思っています。

私が経営するフランチャイズのブランド名、マンマチャオ（mammaciao）はイタリア語の「お母さん、こんにちは」から命名しました。「お母さん、こんにちは」と

呼びかけるように、さらに多くのお母さんたちに、幸せになるための方法を提案し続けていきたいと願っています。

そのためにも欠かせないのが、副業としてコインランドリーを開業されるオーナーさんたちの存在です。副業としてコインランドリーを始める利点については、この本で十分ご紹介できたと思います。本業とするには物足りなさもあるものの、副業としてならばハードルも低くて堅実に収益を上げることができるのがコインランドリーです。

実践的な経営の入門編としては、最適の学習素材です。事実、コインランドリーを経営したあとに、脱サラして他の事業で成功された例を、いくつも見てきました。コインランドリーで商売のコツを学び、さらには業者さんたちとの付き合い方も学んで、真の経営者として新たな人生にも挑戦していただきたいと思っています。

最後に、フランチャイズ加盟店のオーナーさんたちとの関係にも触れさせてください。

第1章の「『技術不要、経験不要、営業も不要』それでも私が本を出す理由」のところで、フランチャイズ加盟店のオーナーさんたちは私のパートナーであり、共同経営者だと書きました。でも本音の部分では、それ以上に、喜びを分かち合えるファミリー（家族）そのものだと思っています。

そんな私は、毎年2回の懇親のためのオーナー会には万難を排して参加してほしいと、無理を承知でお願いしています。「ファミリーなんだから、盆と正月ぐらい家族そろって飯を食おうよ」というのが趣旨なのですが、「お前、相変わらず子供っぽいなー」と呆れられています。

それでも「最近、どう?」って、声をかけ合えるファミリーの存在が、私には欠かせないのです。

〈著者プロフィール〉

三原 淳（みはら・じゅん）

株式会社 mammaciao 代表取締役。
1967年、東京生まれ。専修大学経営学部卒業後、ファイザー製薬にMRとして入社。その後、大手スーパー、OA機器販売会社、印刷会社の営業を経て、業務用洗濯機輸入商社に入社。退社後、米国の大手洗濯機メーカーのデクスター社と日本における独占販売契約を結び、2000年に株式会社エムアイエス（現・株式会社 mammaciao）を設立、代表取締役に就任。環境配慮型エコランドリー『mammaciao（マンマチャオ）』のFC展開を始める。
2017年4月現在、全国に331店舗以上を出店、さらにいずれも業界初となる『トラブル受付コールセンター』『ネット遠隔操作返金システム』、さらには電子マネー（Suica・Edy・WAON・nanaco等）が利用可能な『電子マネーランドリー』を開発した。

株式会社 mammaciao　www.dexter-japan.co.jp

知っている人だけが儲かる
コインランドリー投資のすすめ

2016年6月10日　第1刷発行
2017年5月20日　第3刷発行

著　者　三原 淳
発行人　見城 徹
編集人　福島広司

発行所　株式会社 幻冬舎
〒151-0051　東京都渋谷区千駄ヶ谷4-9-7

電話　03(5411)6211(編集)
03(5411)6222(営業)
振替　00120-8-767643
印刷・製本所　中央精版印刷株式会社

検印廃止

ISBN978-4-344-02952-1　C0095
幻冬舎ホームページアドレス　http://www.gentosha.co.jp/

この本に関するご意見・ご感想をメールでお寄せいただく場合は、
comment@gentosha.co.jpまで。